놀라운
예언의 은사

놀라운 예언의 은사
The Gift of Prophecy

초판 발행 : 2002년 7월 30일
2쇄 발행 : 2007년 4월 30일
편집자 : 잭 디어
옮긴이 : 박진아
발행처 : 은성출판사
등록 : 1974년 12월 9일 제9-66호
주소 : 서울시 강동구 성내동 538-9
전화 : 477-4404
팩스 : 477-4405
http://www.eunsungpub.co.kr

출판 및 판매에 관한 모든 권한은 본 출판사가 소유하고 있습니다. 출판사의 사전 서면 허락없이 상업적인 목적으로 번역, 재제작, 인용, 촬영, 녹음 등을 할 수 없음을 알려드립니다.

Printed in Korea
ISBN 89-7236-284-0 33230

Originaly published in English under the title of *The Gift of Prophecy* by Jack Deere published by Vine Books in 2001. All rights to this book, not specially assigned herein, are reserved by the copyrights owner. All non-English rights are contracted exclusively through Servant Publications P.O. Box 8617 Ann Arbor, Michigan 48107, USA.

The Beginner's Guide to
The Gift of Prophecy

by
Jack Deere

translated by
J. A. Park

놀라운
예언의 은사

잭 디어 지음
박진아 옮김

목차

서문   9
1. 마음속의 상처   11
2. 하나님이 주신 달란트 찾기   33
3. 하나님이 보여주시는 것들을 보는 방법   59
4. 하나님의 음성을 분별하는 법   85
5. 하나님의 뜻을 이해하는 법   111
6. 치우치지 않는 예언자   141
7. 하나님의 메시지를 효과적으로 전달하는 방법   155
8. 거짓말, 사탄, 그리고 거짓 선지자   175
9. 예언의 은사를 키우는 법   189

서문

    이 책은 오늘날의 예언자적 목회를 위한 실용적인 가이드이며, 학문적인 연구 결과들을 나열해 놓은 책이 아니다. 책의 내용상 많은 부분이 예언자적 목회와 관련된 나의 개인적인 경험이나 예언자와 대면했을 때 일어났던 해프닝들, 그리고 현대의 대표적인 예언자인 폴 카인(Paul Cain)의 이야기이다. 나는 폴을 내가 아는 예언자들 중 가장 많은 업적을 이룬 선지사라고 생각한다. 몇 년 동안 그를 지켜보는 것만으로 예언자적 목회에 대해 많은 것들을 배울 수 있었기에, 그를 통해 내가 배운 것을 많은 사람들과 나누고 싶다. 이 책을 읽는 이들이 많은 도움을 얻기를 바라는 마음이다.

    책에 수록하는 모든 경험담과 도움말 모두 성경 말씀에 비추어 쓰고자 최선을 다했다. 그러나 많은 사람들이 알고 있고 동감하는 예언자적 목회에 관련된 지식이라고 해도, 이를 명백하게 뒷받침해 주는 성경구절이 없다면 이에 대해서는 솔직하게 명시했다.

    혹시 책에서 남성 위주의 단어 사용으로 불쾌하더라도 상처를 받는 일이 없기를 바란다. 영어에는 똑같은 뜻이라도 남성과 여성을 따로 표기하기 위해 두 개의 다른 단어를 쓰는 경우가 있다. 남성 예언자는 prophet, 여성 예언자는 prophetesses이다. 사실 이 책에서 예언자라는 단어에서 "남성 예언자"(prophet)를 고집한 데는 두 가지 이유가 있다. 첫째, 성경을 보면 남성 예언자(prophets)가 여성 예언자(prophetesses)보다 많다. 둘째, 계속 이 단어를 쓰게 될 텐데, 그 때마다 여성 예언자와 남성 예언자라고 구분하여 말하기가 복잡하기 때문이다. 책의 내용을 통해 예언자적 능력을 가지고 있는 여성들을 매우 존중하고 섬기기 원하는 나의 본심을 잘 이해할 수 있을 것이라 믿는다.

마지막으로, 이 책은 예언자적 목회를 통해 본인이 얻은 개인적인 경험을 토대로 예언의 은사와 예언자적 목회에 관심이 많은 기독교인들에게 첫 걸음을 내딛을 수 있도록 도와주는 역할을 할 것이다. 만약 주님의 뜻이 계셔서 다음 책을 저술한다면 말세로 치닫고 있는 이 세태에서 예언자적 목회가 전체적인 목회의 한 부분으로 완전히 자리잡기까지 필요한 과정, 방법과 그 필요성에 대해 더 깊이있게 다루고 싶다.

1
마음 속의 깊은 상처

　나는 낯선 방에 낯선 사람들과 함께 앉아 있었다. 평생 한 번도 본 적 없는 사람들이 내 깊은 곳에 숨겨진 가슴 아픈 비밀들을 모두 나열하고 있었다. 범상치 않은 듯한 사람들, 이들을 만나기 위해 여기까지 온 이유가 무엇일까―과연 하나님의 인도하심이었을까 아니면 사탄에게 현혹된 것이었을까? 겉으로는 침착하려 했지만, 나는 알 수 없는 무언가로부터 공격당하고 있는 느낌으로 초조했다. 혹시 내가 오랫 동안 숨겨온 마음속 깊은 곳의 상처가 치유되기 시작했던 것일까? 이 느낌이 아픔인지, 마치 나의 과거가 도마위에 올려져 난도질당하고 있다는 이 느낌…다시는 떠올리기 싫은 그 고통스러운 기억들을 들춰낸다고 해서 달라지는 것이 무엇일까? 그러나 그들에게 이 모든 것을 허락한 사람은 다름 아닌 나였다. 지금 와서 그만하라고 말할 용기는 없었다. 모든 것이 너무 뒤죽박죽이었다. 너무 혼란스러웠다.
　개인적으로 예언자는 정확히 어떤 사람들이라는 설명을 들어 본

적은 없다. 어느 날 정작 실제 예언자들과 만남을 갖게 되기까지 나는 성경책에 나오는 예언자가 아니라면 아예 예언자의 존재가 있다는 것 자체도 인정하지 않았다. 성경에서 말하는 예언자 외에 오늘날에도 실제로 그 시대의 예언자와 같은 사람들이 존재한다는 말은 나에게 사기처럼 들렸다. 우리에게 예언자 대신 우리를 인도하는 성경책이 엄연히 있지 않은가? 예언자의 필연성이나 필요성이 없는 이 시대에 왜 예언자가 있어야 한단 말인가? 만약 성경말씀을 뒷전으로 하고 자기의 생각을 마치 하나님이 말씀하신 것인 양 떠들고 다니는 예언자가 넘친다면 혼란이 야기될지 모른다. 내게 있어서 예언자는 생명의 책, 곧 성경이 없던 구약과 신약시대에 잠시 성경의 대리 역할을 한 사람들로 비춰질 뿐이었다.

    그런데 이런 나의 관점을 완전히 뒤바꾸어 놓는 사건이 일어났다. 말하자면 아주 긴 이야기이므로 그에 대한 이야기는 나의 첫번째 책인 『놀라운 성령의 능력』(*Surprised by the Power of the Spirit*: 은성출판사)을 참고하길 바란다. 이 책의 긴 내용을 요약하자면 이 경험을 통해 하나님은 더 이상 예언자를 사용하시지 않는다는 쪽에서 하나님의 예언자가 오늘날에도 존재할 수 있겠다는 생각으로 기울었다는 것이다. 산 넘어 산이라고 하던가? 이제는 "무엇을 어떻게 옳은 방법으로 믿을 것인가"라는 새로운 문제가 놓여져 있었다. 내가 믿고 있는 것은 대부분 이론적인 지식뿐이었다. 마침 그 때 친구에게서 캔사스에 가면 진짜 예언자를 만날 수 있다는 이야기를 듣게 되었다. 친구는 예언자를 만나러 갈 예정인데 같이 가지 않겠느냐고 했다.

    나는 영적인 멘토 역할을 해주는 분에게 전화를 걸어 예언자를 만나러 가고 싶은 내 의중을 전했다. "잭, 가는 것은 괜찮지만 그들에게 절대 현혹되지 않았으면 좋겠소. 하나님이 당신에게 생각할 수 있는 능력을 주셨다는 것을 잊지 말고 최대한 활용하시오." 짧은 걱정과 함께 동조하는 그의 목소리를 들으며, 나는 전화기를 들고 이마와 눈썹 주위에 주름을 잔뜩 잡은 채 말하고 있을 그의 모습을 상상하며 잠시 웃었다. 내가 아는 사람 중에 그보다 성령에 바탕을 둔 영적인 목회에 대한 경험이 풍부한 사람은 없었다. 그보다 더 따뜻한 마음과 영혼을 가진 사람을 만나 본 적이 없다. 또한 그는 교회에서 하는 말이라면 성경에 어긋나는 말이라도 무조건 믿는 광신도는 아니었다. 그런 그의 경고가 있었기에 예언자를 만나러 가는 것에 대해 들떠 있었던 나의 설렘은 절대로 현혹되지 않겠다는 결심으로 더욱 굳어지게 되었다.

그러나 사탄의 공격을 대비해 준비한 방패막은 무용지물이 되어버렸다. 어쩌면 예언자와의 만남을 가진다는 것 자체가 문제의 발단이었는지도 모른다. 예언자와 대면하여 서로 끝도 없는 뜨거운 토론을 몇 시간 동안이나 하게 되는 건 아닌가 걱정이 앞서는 것은 두번째 문제였다. 예언자가 혹시 요즘 교회들과 목회자들의 부패성을 공격한다면 나름대로 이를 변호하기 위해 머리를 쥐어 싸야 하지 않을까 하는 걱정도 큰 문제는 아니었다. 단지 이 경험을 통해 예언자적 힘이 상실된 교회나 목회에 대해 다시는 예전과 같은 만족을 느끼지 못하게 되지나 않을까 하는 두려움이 앞설 뿐이었다. 이와 동시에, 하나님이 내게 주신 이성과 예언자적 이론 자체가 너무나 상반되는 면이 많기에 도저히 서로 조화를 이룰 수 없을 것 같다는 생각도 내 마음을 짓눌렀다.

결국 이런 모든 걱정을 뒤로 하고, 해가 밝게 비추는 9월의 어느 일요일 오후 나는 성경말씀으로 단단히 무장을 하고 의구심에 똘

똘 뭉쳐 그 당시에는 캔사스 시티 단체(Kansas City Fellowship)라는 교회의 예언자들 중 대표격인 마이크 빅클(Mike Bickle)이라는 목사를 대면하게 되었다. 마이크의 키는 그리 큰 편은 아니었지만 몸이 매우 단단하고 좋아서, 나도 모르게 그의 과거를 상상해보았다. 미식축구의 하프백 중 키가 너무 작다는 얘기를 듣다가 독이 올라 체력을 단련한 후 어느 날 보란 듯이 나타나 상대편의 수많은 수비수를 압도하고 헤이스만 트로피(Heisman Trophy)를 향해 달려갔음직한 그의 모습을 머릿속에 그렸다. 깊은 곳에서 우러나는 듯한 그의 목소리에는 위엄이 가득했다. 무엇보다 그에게서는 기쁨이 흘러 넘치고 있었다. 그와 함께 있는 동안 그의 기쁨이 나에게까지 미쳐서 이로 인해 내 마음 역시 흘러 넘치는 기쁨으로 가득했다. 그는 평생 우울한 얼굴 한 번 만들어 보지 않은 모습이었다. 우울한 그의 얼굴은 상상조차 할 수 없었다. 그러던 중 어느새 예언자에 대한 나의 불타는 적개심이 풀렸고 오히려 감탄을 연발하고 있는 나 자신을 발견했다. 나 역시 마이크가 누리고 있는 기쁨과 하나님을 향한 열정을 소유하고 싶은 마음이 간절했다.

하지만 첫 날 내가 느꼈던 그 기쁨은 다음날 아침이 되기도 전 사라져 버렸다. 아침에 눈을 뜨자 마자, 여기에 온 목적이 예언자를 만나는 것이지 목사를 만나려 한 것이 아니었다는 사실을 떠올렸다. 아침을 먹기 전 나는 어제 느꼈던 기쁨을 속으로 혐오하며 다시는 그들에게 속지 않겠다고 결심했다. 커피의 마지막 한 모금을 들이키고, 냅킨으로 입을 닦고 나자 소위 예언자라고 불리는 사기꾼을 만날 만반의 준비가 된 듯 느껴졌다.

나의 아내 리사와 함께 교회에 도착했고 한 사람이 우리를 초록색 카펫과 오랜지색 플라스틱 의자들이 동그란 원으로 놓여져 있는 때가 지저분한 방으로 안내했다. 우리와는 5명의 다른 친구들도 동행하고 있었다. 친구들은 하나님을 만나고 싶은 간절한 소망을 품고 이 자리에 왔지만, 나는 사기꾼 같은 사람들의 허점을 파헤치기 위해서 왔다. 마이크와 4명의 다른 예언자들이 우리를 기다리고 있었다. 그 날 처음 보는 사람들 중 제일 앞에 있던 한 사람이 문을 열며 우리를 반갑게 맞았다.

그의 키는 170cm 정도 되어 보였고 운동선수 같은 몸매를 가지고 있었으며, 마치 애디 바우어(Eddie Bauer: 미국 기성세대를 위한 대표적인 캐주얼 브랜드—역자주)의 카달로그 사진 촬영을 막 찍고 나온 듯한 차림을 하고 있었다. 하지만 그의 얼굴은 마치 집에서 엉망인 머리를 하고 슬리퍼를 질질 끌며 목욕가운을 걸치고 있는 사람의 얼굴 같아 보였다. 그의 머리는 길고 지저분했고, 수염은 까만색과 흰색이 섞여서 얼룩덜룩 더부룩하기만 했고, 움푹 들어간 눈은 왠지 꺼림칙한 인상을 주고 있었다. 그의 기분 나쁜 눈빛은 이 세상 사람 같아 보이지 않아 매우 낯선 느낌을 주었다.

한 마디로 그의 눈에 대한 첫 느낌은 매우 악해 보인다는 것이었다. 그런데 조금 있다 다시 보니 그렇게 악해 보이지는 않는 것 같고, 어찌됐든 어떻게 확실한 결론을 내려야 할지 헷갈렸다.

그렇게 그의 인상에 대한 결론을 놓고 망설이고 있는 나에게 그가 입을 열었다.

"여기서 당신을 보게 될 줄은 몰랐군요."

그의 그런 말을 듣고 나는 속으로 정말 웃기는 사람이라고 중얼거렸다. 벌써 그 사람이 정말 싫었다.

나는 "무슨 말씀인지 모르겠군요? 우리가 안면이 있나요? 난 그쪽을 한 번도 본 적이 없는데요."라며 그를 향해 톡 쏘듯이 내뱉었다.

"저는 당신을 잘 알고 있습니다. 8일 전 당신에 관한 꿈을 꾸었지요. 꿈을 꾸다 깨어 보니 새벽 3시였지만 웬지 중요한 꿈 같아서 내용을 종이에 적어 놓기까지 했는걸요. 당신에 관한 꿈이었습니다. 주님께서 당신에 관해 어떤 말씀들을 하셨는지 알고 싶으시다면 기꺼이 말씀드리겠습니다."

나는 듣고 싶다고는 했지만, 속으로는 '그래 어디 한 번 해봐라. 할 수 있는 한 최선을 다해 보란 말이다. 내가 네 수작에 넘어가나 봐라. 너희같은 사기꾼들에 관해 이미 많은 경고와 주의를 듣고 왔단 말이다'라고 말하고 있었다. 그와 나는 현저하게 다른 기독교적 배경과 전통을 가지고 있는 사람들이었다. 그가 나에 대해서 알 수 있는 것은 전혀 없을 거라 믿었다.

모두 빙 둘려 놓은 의자에 자리를 잡고 앉았다. 나는 도박꾼들이나 카드 게임을 하는 사람들이 겉으로 드러내지 않고 상대빙의 심리와 형편을 읽기 위해 널리 쓰는 "상대방 패 읽기" 전략을 이미 잘 알고 있었다. 확실하게 단언할 수는 없지만 예언자들이 그런 방법을 통해 나에 대한 정보를 알아낼지도 모르는 일이었다. 이 전략에 베테랑인 이들은 아무리 초면인 사람이라 할지라도 그의 옷차림과 표현법, 그리고 매너를 보면 대충 신상파악이 가능하다. 예를 들어 점술사에게 갔다고 해보자. 옷에 집 강아지의 털이 묻어있다면 수단이 좋은 점술사는 이를 놓치지 않고 이용한다: "신령이 내게 말씀하신다. 동물을 사랑하는 사람이라고 말씀하시는구나." 도박꾼의 예를 들어보자. 상대방이 카드를 손에 쥐고 있는데, 꼭 속임수를 쓸 찰나에는 한숨을 쉰다는 사실을 포착하게 되었다. 다음부터 도박꾼은 상대가 한숨을 쉴 때면 그것이 무엇을 의미하는지 알 수 있다. 도박꾼들은 사람들이 나타내는 여러 가지 힌트들에 "텔스" (tells: 무엇에 대하여 말하다)라는 용어를 사용하는데, 이는 그 힌트를 통해 상대방에 관해 무언가를 알아낼 수 있기 때문이다. 또한 이러한 일로 먹고 사는 사람들의 특징은 바로 상대방이 스스로 모든 이야기를 털어놓도록 유도하고 마치 자기가 초자연적인 능력으로 이러한 사실들을 알아 낸 것처럼 상황을 만들어 낸다는 것이다. 그러나 오늘 아침 이 시간만은 그들이 사람을 현혹하는 기술이 아무리 뛰어나다고 해도 나는 단 하나의 단서도 허용하지 않을 작정이었다. 아무리 술수가 뛰어나다고 해도 나를 속일 수는 없을 것이다. 나는 안간힘을 쓰고 얼굴을 굳혔다. 서로 뚫어져라 노려보고 있었다. 내 눈은 아무런 힌트도 찾을 수 없이 공허해 보였다. 잠시 후, 그가 말을 하기 시작했고, 곧 내 깊은 곳에 숨겨진 모든 비밀들이 하나씩 밝혀지기 시작했다.

"개인 기도 제목을 가지고 있군요."
부드러운 남부 사투리 억양이 담긴 그의 목소리가 들렸다.
"하지만 그냥 기도제목이라고 하기에는 너무 마음이 간절하군요. 평생 간직해 온 소원이기도 하구요."
말을 마친 그는 오늘 아침 호텔에서도 그 기도 제목을 위해 기도하지 않았느냐고 물었다. 사실 그 기도 제목은 거의 매일 아침 내 기도에서 빠진 적이 없었다. 그가 맞았다. 이 기도 제목은 내 평생 소원이자 꿈이었다.
"하나님께서 당신에게 그 꿈은 바로 하나님이 당신으로 하여금 소원하게 하신 꿈이기에, 그 기도 제목은 하나님께서 이루실 것이라고 전하라고 하셨습니다."
그 때에 그 사람이 말한 기도 제목이 무엇이었는지, 그리고 내 평생 소원인 그 기도 제목이 무엇인지 여기서 나누고 싶지만, 매우 염치 없고 지나친 기도 제목으로 비춰질 것 같아 감히 내어 놓고 나누기가 두렵다. 그 당시에 나는 열심히 기도는 하면서도 마음 속으로는 내가 너무 염치 없이 크고 불가능한 일을 하나님께 구하고 있는 것이 아닌가 불안하기만 했다. 그런데 지금 이 예언자가 마치 다니엘이라도 되는 듯 나의 큰 꿈을 거침없이 들어 내놓고는 그 꿈이 다 이루어질 것이라는 예언을 하고 있는 것이었다.

    그러나 돌같이 딱딱하게 굳은 내 얼굴은 아주 작은 흔들림조차도 허락할 수 없었다. 눈은 차분하게 빛나고 있었으며 예언자의 예언에 대해 아무런 반응도 보이지 않고 있었다. 아직도 내 모습이나 행동으로 인해 그가 얻을 수 있는 단서나 힌트는 전혀 없었다. 그러나 내 마음 속에서는 기쁨이 용솟음 치고 있었다. 12살 이후 아직 한 번도 울어본 적이 없는 내가 지금 이 순간 눈물을 참기 위해 안간힘을 쓰고 있었다. 그 때까지만 해도 나는 "기쁨의 눈물"이라는 표현을 이해하지 못하는 사람이었다. 왜 하필이면 기쁠 때, 그것도 다 큰 어른이 운단 말인가? 아마도 평생 이처럼 눈물이 날 만큼 기뻤던 경험을 해보지 못했기 때문에 더더욱 이해 할 수가 없었을 것이다. 대체 내가 무엇이길래 하나님이 나의 가슴속에 꿈을 품게 하시고 그 꿈을 이루어 주시겠다고 하시는 것일까?

    그는 서슴없이 화제를 바꾸어 다른 이야기로 넘어갔다.

    "아버지에게서 받은 상처가 크군요."

    그가 입을 열었다. 나는 마음속으로 '안돼! 아버지에 관해서만은 제발!'이라고 외쳤다. 이것만은 정말 참을 수 없었다. 이제껏 그 누구도 내 아버지에 관한 상처를 들먹인 적은 없었다. 도대체 내 아버지에 관해서 어떻게 아는 것일까? 나를 받치고 있던 마음속의 커다란 이성이 서서히 무너져가고 있었다. 평생 나를 너무도 힘들게 괴롭혀온 이 깊은 상처에 대해 그는 너무 쉽게 말하고 있었다. 정말 어떻게 이 상황을 견뎌내야 할지 눈 앞이 막막해졌다. 그러나 만약 지금 무너진다면 내가 계속해서 보여온 단호한 모습과 이성을 잃어 버릴 것 같았다. 이러한 두려움 덕분에 나는 계속해서 아무런 내색 없이 내 앞에 서 있는 그를 바라보고 있었다.

나의 아버지는 우리 가족과 나에게 큰 상처를 안겨준 사람이었다. 중산층에 속했던 우리 가족은 그 날 역시 평상시처럼 하루를 시작하기 위해 눈을 떴다. 나는 어린 남동생과 그때만 해도 아직 아기였던 여동생과 함께 할머니 집으로 놀러 갔었고 어머니는 보험회사 사무실로 출근하셨다. 아버지는 집에 남아 계셨는데 아침이 반쯤 지났을 무렵 아버지는 오랫동안 고민해 오던 자살 충동에 대해 확실한 결정을 내렸다. 우리 가족 아무도 예상하지 못했던 일이었다. 그날 오후, 아버지는 우리의 작은 집 거실에서 머리에 총을 겨누고 그 동안 마음속에서 지긋지긋하게 고민하고 힘들어하던 일들을 뒤로 하고 삶을 마감하셨다. 그날 밤 이후, 서른 네 살에 과부가 된 어머니는 겨우 고등학교 2학년 중퇴라는 학력으로 4명의 어린 자식들을 홀로 부양해야 하는 무거운 책임을 어깨에 지게 되었다. 다시는 정상적인 가정을 꾸밀 수 없을 것 같은 최악의 시절이었다.

장남인 나는 겨우 12살자리 어린아이일 뿐이었다. 간간이 먹을 것을 가져다 주는 이웃들을 제외하면 우리가 처한 상황을 이해하고 상처를 감싸줄 수 있는 사람은 아무도 없었다.

아버지는 나에게 있어서 영웅이었으며 나의 이상형이기도 했다. 아버지는 강인했으며 머리가 좋은 분이셨다. 아버지가 없는 세상은 상상조차 할 수 없었다. 한 번도 아버지의 죽음을 슬퍼할 수 없었던 이유도 바로 그것 때문이 아니었을까? 슬픔에 잠기려면 일단 아버지를 잃은 현실을 받아들여야 한다. 하지만 나는 그 현실을 받아들인다는 것 자체가 너무나 무섭고 두려웠다. 힘들 때면 울며 소리치며 밖으로 쏟아내어야 상처가 치유되는 법이다. 그러나 이러한 사실을 어린 내가 알 리가 없었고, 일러 주는 이도 하나 없었다. 그러나 그러한 순간에도 하나님은 내 곁에 계셨으리라. 그러나 나는 하나님께 매달리거나 기도하지 않았다. 기도한다고 다시 아버지를 돌려주시지 않을 것이라는 걸 어린 마음에도 잘 알고 있었다. 도대체 기도해서 달라지는 것이 무엇이란 말인가? 가슴 깊이 아픔과 혼란이 한데 얽혔다. 그리고 그 시절 이후 마음 속 깊이 새겨진 상처를 다시는 들여다 보지 않았다. 다시는 아무도 필요로 하지 않을 만큼 강한 사람이 되겠다는 맹세와 함께 나는 그 기억을 영원히 가슴에 묻어 두려 했었다.

그렇게 영원히 내 마음 속에 묻어 두려 맹세했던 상처는 오히려 나의 뒷덜미를 잡고 평생 놓아주지 않았다. 그 상처는 곪을 때로 곪아 반감이라는 부작용이 되어 나를 괴롭혔다. 세월이 흐르면 흐를수록 나는 내 마음 속에 남아 있는 상처와 이로 인해 생긴 반항심을 비정상적인 행동으로 무마하려 들었고, 결국 표면적으로는 아픈 기억을 잊는 듯 보였다.

17살에는 가장 무모한 행동을 하는 아이로 친구들의 인기를 한 몸에 받기를 기대하며 자살을 시도했지만, 주님께서는 이렇게 막바지에 다다른 나를 구원하셨다. 하루 아침에 예수님의 제자로 부르심을 입은 것이다. 나의 사납고 거친 행동은 사라지고 그러한 친구들을 멀리하게 되었다. 그러나 마음속에 남아있는 상처는 아직 그대로 남아있었다. 그 괴로움이 아직 마음속에 남아 곪아 터지고 있는지도 모르고 있었기에 마음의 치유를 위해 기도하고 간구해야 한다는 생각조차 할 수 없었고 그 필요성에 대해서도 알 수 없었다.

아무도 내게 마음속의 상처는 더 큰 상처를 초래하게 된다고 말해 주지 않았다. 상처는 곧 반감을 만들고, 그 반감은 곧 분노심을 초래하며, 분노심으로 인한 반항은 나쁜 품행을 자행하게 만든다는 사실 역시 알 길이 없었다. 기독교인이 된다고 해도 마음속의 반감과 괴로움이 자동으로 사라지는 것은 아니며, 이로 인해 가슴속에 숨겨놓은 반감과 괴로움은 다른 사람의 선의나 자신을 향한 좋으신 하나님의 뜻조차 의심하고 회의적인 마음으로 보게 하며, 누구든 깊이 사랑할 수 없는 차가운 마음을 가지게 한다는 사실들을 나는 알 수가 없었다. 내 마음을 열어 보이지 않는 한 내게 충고해 줄 수 있는 사람은 아무도 없었다.

나는 이렇게 방치된 삶을 살았고, 나의 마음 속 상처는 나의 삶을 좀 먹고 있었다. 결국에 나는 내가 왜 분노를 느끼는지 왜 가혹한 행동을 하는지 그 원인을 찾을 수 없었고, 결국에는 그 결과에 치여 사는 삶을 살 수밖에 없었다. 어렸을 때 죄를 지으면 나중에 커서 그 죄의 대가를 그대로 받게 된다는 말은 허다하게 들었지만 어렸을 때 받은 상처가 해결되지 않으면 평생 힘들다는 말을 들은 적이 없었다.

내가 38살이 되던 무렵까지 이러한 사실에 대해서 너무나 무지하여 마음 문을 꽁꽁 닫고 얼음장 같이 차가운 삶을 사는 나를 보기에 안타까우셨던 주님은 결국 스스로 나서신 것같다. 예언자의 입을 통해 주님은 아버지의 죽음을 말씀하셨고, 이 말씀을 들은 나는 12살 아이의 가슴과 영을 병들게 만든 그 사건을 다시 떠올리게 했다. 그리고 주님은 범상치 않은 눈빛을 가진 예언자를 이 칙칙한 방에 보내어, 그를 통한 나와의 대화를 시작하신 것이다. 사실 그 당시에는 이 모든 일이 주님께서 주관하고 계시는 일이라는 사실조차 몰랐다. 한 가지 확신하는 사실이 있었다면 바로 이 예언자가 내 비밀을 이용해 나를 공격하고 있으며 이미 엎질러진 물을 탓이나 하려는 듯 나의 과거를 들추고 있다는 것이었다. 나는 이 대화가 끝나기만을 간절히 바라고 있었다. 그러나 이런 나의 바램과는 상관없이 그의 부드러운 남부 사투리 섞인 음성은 끝이 없을 것 같은 이야기를 계속 이어나갔다.

"주님께서는 아버지를 잃었던 당신에게 다른 무언가로 그 빈 자리를 채워주실 것이라고 말씀하셨습니다. 주님께서는 당신에게 아버지 같은 역할을 해 줄 새로운 사람들을 보내주실 겁니다. 살면서 아버지가 필요한 순간을 맞을 때마다 때때로 필요한 사람을 보내 주실 거라 약속하셨습니다. 당신에게 많은 아버지가 생기게 된다는 뜻입니다."

어버지의 죽음을 다시 거론하는 것 자체가 나에게는 큰 고통이었다. 그런데 새 아버지가 하나도 아니고 여럿 생긴다는 말에 나는 당황하지 않을 수 없었다. 대체 아버지를 잃은 12살 어린 소년의 마음을 무엇으로 채울 수 있단 말인가? 설사 하나님이라 해도 말이다. 사실 이미 서른 여덟살인 나에게 필요한 것은 새 아버지가 아니었다. 세월이 흘러 결혼한 나는 이미 내 자신이 아버지였다. 그리고 이미 나에게는 이미 아버지같은 영적 멘토가 있었다. 내게 누군가가 필요하다는 생각은 한 번도 해본 적이 없었다. 이 모든 생각들을 그냥 속으로만 중얼거렸을 뿐 크게 말하지 않았다. 그냥 조금도 흔들림없는 눈빛으로 이 말들을 대신하고 있을 뿐이었다.

그는 또 다른 화제로 넘어갔다.

"당신이 어렸을 때 주님께서는 당신에게 뛰어난 운동신경을 주시고 당신이 그 능력을 사용하려 할 때 오히려 그로 인해 좌절하게 만드셨습니다. 당신이 지식을 쌓는 일에 더 많은 노력과 시간을 들이기 원하셨기 때문입니다. 당신은 학자로서의 삶을 잘 살았지만 정작 공부로 인해 자신이 이루길 원했던 일들은 이루지 못했지요. 그로 인해 당신은 남모를 가슴앓이를 하며 살아가고 있지요."

내가 내 자신의 38년 인생을 요약한다고 해도 이보다 더 정확하게 할 수는 없었다. 정말 놀라운 일이었다.

그 사람 말대로 나는 정말 천부적인 운동신경을 타고 났다. 힘이 매우 좋았고 몸 또한 매우 날렵했다. 어린이 야구 경기대회에서 나는 내가 맡은 역할들을 모두 훌륭히 해냈고 언제나 4위 안에 드는 뛰어난 야구선수였다. 미식축구에서는 아무런 보호장비도 매지 않고 태클을 걸기 일쑤였다. 이렇게 뛰어난 운동선수는 학교의 정식 멤버가 될 수 있는 중학교 1학년이 되던 시기에 아버지를 잃었다. 그 뒤로 그의 삶과 모든 것이 송두리째 바뀌어 버렸다.

무엇보다 운동 연습에 데려다 주고 데리고 올 사람이 없었다. 어머니는 4명의 자식을 입히고 먹이고 잘 곳을 마련하기 위해 밤늦게까지 열심히 보험을 팔고 수금하러 다녀야 했다. 내 운동연습이 어머니의 필수목록 안에 들어가야 할만큼 중요하지 않은 상황이었다. 나는 운동 대신 저녁식사 준비를 위해 요리를 배워야 했고 그 뒤로 3년 동안 나는 운동과는 인연을 끊고 살아야 했다.

운동은 내 인생에 있어 매우 중요했다. 운동 차체를 매우 즐겼기 때문이기도 하지만, 내가 살던 텍사스에서는 운동을 잘하는 남성이라면 누구나 남들과는 다른 뭔가가 될 수 있다고 믿는 사람들이 주류를 이루는 1960년대였기 때문이었을 것이다. 정말 운동을 잘하는 사람이라면 사람들의 지지를 받기 위해 유머감각이 풍부하거나, 똑똑하거나 거친 행동을 할 필요가 없었다. 운동을 잘하는 것 하나만으로 이미 모든 사람들에게 인정받은 거나 마찬가지였기 때문이다.

고등학교에 들어가자 운동을 다시 할 수 있는 기회가 왔다. 고등학교 1학년 때 미식 축구와 야구팀에 들어가게 된 것이다. 다른 친구들 보다 3년이나 뒤쳐져 있었지만, 스스로에게 그런 건 아무 상관이 없다고 다짐하고 또 다짐했다. 친구들을 금방 따라 잡고 꼭 이겨내리라고 믿었다. 하지만 생각했던 것과는 달리 그리 만만하지 않은 일이었다. 결국 나는 발목 부상으로 인해 완전히 밀려나게 되었다. 또 다른 좌절로 인해 나는 술을 마셔댔고, 불량한 아이들과 몰려다니며 파티를 하고 노는 일에 빠져들었다. 그렇게 해서 나는 운동선수의 길을 완전히 포기하게 되었다.

술에 취해 무모하게 살아가는 길을 택한 바로 그 때, 주님은 정말 말그대로 구렁텅이에 빠져 있는 나를 구원해 주셨다. 고등학교 2학년 가을이 되던 해였다. 갑자기 독서를 시작했는데 곧 이어서 독서의 열기는 성경으로 이어졌다. 이를 뒤이어 C. S. 루이스의 전기를 읽기 시작했으며 책이란 책은 닥치는 대로 읽어나갔다. 그 뒤로 나는 손에서 책을 놓지 않았다. 내가 원하기만 한다면 올 A의 성적을 받을 수 있다는 사실을 깨닫게 되었다. 또한 머리가 좋다고 인정받게 되면 내게 어떠한 유익이 생기는지도 볼 수 있을 만큼 눈을 뜨게 되었다. 그리고 나이가 들어가면서 지식이 깊을 수록 내가 누릴 수 있는 것 또한 엄청나다는 사실을 간파하게 되었다.

신학교에 들어갈 무렵, 나에게 성경에 근거해 신학자답게 생각하는 탁월한 능력과 언어에 남다른 재능이 있다는 사실을 알게 되었다. 그리스어, 히브리어, 그리고 다른 언어들을 배우는 것이 내게는 너무나 쉽고 재미있기만 한 일이었다. 신학교에서는 고등학교나 대학교에서 운동을 했는지 아무도 알지도 못했을 뿐만 아니라 관심도 없었다. 그러나 누가 올 'A' 학점을 받았는가에 대해서는 매우 민감한 반응과 관심을 쏟았다.

교수들과 학생들 모두 입버릇처럼 말하는 것이 있다면 영적인 상태는 곧 성적으로 나타난다는 것이었다. 물론 그들이 진짜 그렇게 믿고 있어서 그런 말을 했었는지는 잘 모르겠지만 나는 그 말을 믿지 않았다. 어쨌든 나는 신학교를 다니는 내내 성적이 우수한 학생으로서 남들과는 다른 대우를 받았었다. 대부분의 학생들에게는 닫혀 있던 문도 내게만은 활짝 열려있었다. 박사학위를 시작한지 1년째 되던 해에 결국 교수진에 합세할 수 있는 길이 내 앞에 열렸다. 구약을 가르치는 교수들이 2년 동안 휴직을 청할 계획이었고, 바로 내가 그 자리를 대신 해서 뽑히게 되었다.

"디어 교수님."

홈런왕이 된 것과는 비교도 되지 않을 황홀감을 맛보았다. 교수가 된 것이다. 그것도 영문학이나 화학 교수가 아니었다. 이 세상의 그 어느 것보다도 중요한 하나님의 학문을 가르치는 신학 교수가 된 것이다. 그리고 신학 중에서도 가장 어려운 구약 해설과 셈어를 가르치는 교수가 된 것이었다. 그로 인해 나의 동료 교수들과 내 또래 친구들, 그리고 교회 사람들까지 모두 예전과는 다른 눈빛으로 나를 인정하기 시작했다. 하지만 그 당시 내 상태에다가 젊은 나이라는 조건까지 합하면 내가 신학 교수가 되는 것은 매우 위험한 일이었다. 신학적인 지식을 쌓으며 아픔을 잊어볼 심산이었지만, 지식은 오히려 내 마음을 더 차갑게 만들 뿐이었다.

내 앞에 앉아 있는 예언자는 참 놀라운 사람이었다. 그의 말은 모두 맞았다. 나는 가슴앓이를 하고 있었다. 무언가가 잘못되어 가고 있다는 사실을 알고는 있었지만 누구에게도 내 과거를 꺼내 보이고 싶지 않았다.

기쁨, 아픔, 혼란, 그리고 경외감이 한꺼번에 몰려왔다. 모든 형태의 감정이 나를 가득 덮치고 있었다. 그러나 아직도 나는 내 자신이 무너지는 모습을 보이기 싫었다. 아니, 허락할 수 없었다. 수많은 세월 동안 나는 내 감정을 조절하고 억누르는 방법을 터득해 왔다. 난 여전히 냉담하고 태연하게 예언자를 노려보고 있었다. 그가 내 얼굴에서 읽을 수 있는 유일한 단서가 있다면 당신 말이 맞는 것도 같고 틀린 것도 같다는 아리송한 표정뿐이었다.

그의 목소리는 점점 더 깊이 내 문제를 파헤쳐 나가기 시작했다.

"당신이 겪어야 했던 모든 좌절과 실망은 곧 하나님이 당신을 향하여 계획하신 일들을 감당시키기 위한 준비 과정이었을 뿐입니다."

그에 말에 의하면 나의 아픔 뒤에는 어떤 계획이 있었다는 것이다. 이 멀고 험한 여행을 계획하신 분은 하나님이셨다. 하나님의 부르심이 있었음에도 불구하고 계속 그 길로 오지 못한 건 나였다. 그렇지만 여태껏 있었던 엄청난 일들이 모두 준비 과정이었다니 정말 놀라웠다. 하나님은 내게서 운동 선수로서의 길을 막으셨고 술에 취해 운전을 하다가 죽게 내버려 두지도 않으셨다. 성공적인 학문의 길을 허락하시고도 그 성공에 만족하게 내버려 두지도 않으셨다. 이렇게 만족하지 못하는 삶, 곧 공허함을 통해 운동이나 학문 속에서 나의 정체성을 찾으려 했던 무모한 나에게 하나님의 경종이 계속해서 울리고 있었던 것이다.

예언자의 말을 듣던 나는 오히려 운동선수의 길이 좌절되었던 사실에 다시는 그 때의 좌절이 나를 괴롭히지 않을 것 같다는 생각과 함께 안도감을 느꼈다. 나는 운동을 통해 인정받지 않아도 되었다. 왜냐하면 하나님께서 나를 위해 이미 그보다 더 좋은 것들을 준비하고 계셨기 때문이다. 가슴 벅차게 솟아 오르는 기쁨, 하나님에 대한 믿음, 그리고 소망이 말할 수 없이 깊이 느껴졌다. 그러나 겉으로는 아무렇지도 않은 듯 꼿꼿이 앉아 철저히 내 감정을 억누르고 계속 그 예언자를 노려보았다.

그의 입에선 또 다른 이야기가 나오기 시작했다.

"당신의 마음속에는 갈등이 있군요. 이 세상에서 단 세 사람만이 당신 편이라고 믿고 있군요. 그러나 주님께서는 당신 편에 선 사람이 다섯 명 더 있다고 말씀하십니다."

그렇다. 나는 심한 갈등 속에 있었다. 그리고 이 싸움에서 단 세 사람만이 내 편이 되어 줄 것이라 믿고 있었다. 나 이외에 이 일을 알고 있는 사람은 내 아내 리사 밖에 없었다. 그런데 이 낯선 이가 그걸 어떻게 알았을까? 어떻게 이 모든 사실을 정확하게 알고 있는 것일까?

대경 실색할 노릇이었다. 논쟁의 여지없이 그는 진짜 하나님의 예언자였다. 그리고 하나님은 진정으로 살아 계신 하나님이었다. 사실 하나님이 너무 멀리 계신 것 같고 나의 문제와는 상관없는 분

같이 여겨질 때가 참 많다는 데 동감하지 않는 사람은 없을 것이다. 전쟁에 이기기 위해서 필수적인 것은 지혜롭고 용감한 지도자임에도 불구하고 실제로는 이보다는 전쟁에 관한 책을 읽어 지식을 쌓는 것이 더 유용하다는 사고방식으로 사는 사람이 더 많다. 그런데 이 예언자의 메시지 속에서 나는 나의 인도자이신 하나님의 음성을 들었다. 주님께서는 내가 지금 서있는 지뢰밭같은 분쟁과 갈등의 길에서 그분이 인도하실 것이니 걱정하지 말고 따르기만 하라고 말씀하고 계시는 것이었다.

이쯤에서 의심으로 똘똘 뭉친 색깔 안경을 벗을 만도 했지만 나는 그럴 수 없었다. 계속 나오려는 눈물을 참아가며 살아계신 하나님의 놀라운 사랑 앞에서도 아무렇지 않은 얼굴을 하고 꼿꼿하게 허리를 펴고 앉아 있었다. 내가 그러는 사이에 그는 다음 문제로 넘어갔다.

이번에는 나의 미래에 관한 이야기였다. 과거에 관한 이야기는 그것으로 충분하다는 듯 내 미래에 관한 이야기를 시작했다. 내 생각에 있어서 예언이라는 것은 단지 한 번 깊이 생각해 보고 지나갈 만한 정보이지 확실히 믿고 행동에 옮길 만한 확실한 나침반은 아니었다. 또한 미래에 관한 예측은 그 말을 증명할 수 있는 증거를 찾을 수 없기에 더더욱 믿을 만한 구석이 없었다. 그러나 나의 과거에 관련된 네 가지 중요 사건을 이미 확실하게 맞추었고 이에 대해 나름대로 의미있는 해석을 해주었기 때문에 나는 그의 억측에 가까운 예측을 받아들이고 있었다.

어쩌면 나는 시편의 기자였던 다윗과 같이 무릎을 꿇고 만국의 나라들 앞에서 하나님의 영광을 외쳐야 하는 상황에 있는지도 몰랐다. 그러나 내 자아를 깨기가 너무 힘들었다. 냉담한 표정의 내 얼굴은 아직도 돌같이 굳어 있을 뿐이었다. 아마도 그것은 버릴 수 없는 나의 고집이자 자존심이었으리라. 아니면 공적인 장소에서 개인적인 감정을 드러내기를 병적으로 싫어하는 나의 성격 때문이었을까? 아니면 내 감정을 드러내지 않은 것을 증거로 나중에 예언자들의 예언이 진실이라는 것을 스스로 확신하고픈 마음 때문이었을까? 내 스스로 예언자들에게 제시한 단서가 아무 것도 없다면 예언자가 말한 모든 것이 진짜 하나님으로부터 왔다는 사실을 믿을 수 있을거라 생각했다.

예언자는 이제 해야 할 말을 다 한 것 같았다. 더 이상 내 감정을 숨기고 있어야 할 필요가 없었다. 얼굴을 굳히고 있어야 할 시간은 끝났다. 그들은 내 마음속 깊이 숨기고 있던 비밀을 이야기했고, 목회에 관해 가지고 있던 나의 개인적인 기도 제목까지도 훤히 알고 있었다. 성인이 된 후에도 나를 괴롭게 했던 일들과, 남 모르게 속을 태우며 살아 왔고, 또 살고 있는 나의 인생과 현재 내게 닥친 힘든 일들까지 모두 말이다. 내 속에 숨기고 있던 이 많은 괴로움과 아픔의 비밀들은 하나님의 약속과 관련이 있었고, 그로 인해 나는 과거에서 해방되는 자유를 만끽할 수 있었으며 미래에 대한 희망이 용솟음쳤다. 그들은 진정 하나님의 예언자들이었다. 너무나 기쁜 내 속마음을 주님 앞에서 외치며 기뻐 날뛰고 싶었지만 사실 나는 어떻게 해야 될지 몰라 가만히 있었다. 대신 간단하고 딱딱하게 "감사합니다"라는 말을 할 수 있었을 뿐이다.

"별말씀을요"

예언자의 대답이었다. 그러고는 그나 나나, 방안에 있던 모든 이들도 아무런 말이 없었다. 이 예언자가 내 비밀을 하나씩 모두 드러내고 있을 때 방안이 너무나 조용했던 탓에 나는 그와 나 이외에 다른 사람들이 방 안에 있었다는 사실조차 까맣게 잊고 있었다.

　그는 내 옆에 있던 아내에게로 화제를 돌렸다. 아내에게도 매우 정확하고 뜻 깊은 이야기를 시작했다. 나와는 달리 아내 리사는 마음의 문을 활짝 열었다. 리사에게는 숨겨야 할 상처가 없었기 때문이다. 예언자가 리사에게 몇 마디를 건넸을 뿐인데 그녀의 눈에서는 곧 눈물이 물줄기 흐르듯 줄줄 흘러내리기 시작했고 곧 어깨를 들썩이며 흐느끼며 모든 감정 변화를 있는 그대로 보여주는 솔직함을 보였다. 그녀는 항상 그런 마음으로 살아온 사람이었다. 예언자의 부드러운 목소리는 그녀의 마음을 감동시켰고 그녀의 마음을 치료하기 시작했다. 그녀를 향한 하나님의 약속에 관한 이야기가 계속되었다. 리사를 향한 하나님의 계획이 쏟아지고 있었다.

　방 문을 나설 때 마이크가 내게 물었다.
　"제가 전달한 말들이 모두 정확했는지 궁금하군요?"
　"정확했습니다. 그보다 더 정확힐 수는 없었을 섭니다."
　그는 "믿을 수가 없군요. 계속 당신의 얼굴을 보고 있었어요. 제가 말하는 모든 것에 대해 웃기지 말라는 표정으로 계속 일관하시더라구요!"라고 말했다.
　"사실 여기 오기 전에 예언자들의 현혹하는 말에 조심하라는 경고를 잔뜩 듣고 온 터라…"
　"허허허, 이제야 좀 이해가 가는군요."

　나는 칙칙한 방을 나서 고운 색을 자랑하고 있는 가을 하늘 아래로 걸어 나왔다. 오늘날에도 하나님의 예언자가 존재한다는 사실을 발견하고는 가슴이 뿌듯했다. 예언자적 목회에 푹 빠져버렸다. 이제는 알고 싶어하는 사람에게라면 누구에게나 예언자적 목회에 관한 장점과 강점에 대해 확실하고 명료하게 설명해줄 만반에 준비가 다 된 것 같았다.

나는 그날 평소 설명할 수 없던 무언가를 발견했다. 나는 사람들에게 인정받는 사람이 되기 위해, 내 지나간 과거의 아픔들을 잊기 위해 정말 끊임없이 노력하며 살았고, 그런 나를 모른 채 내가 대단한 존재나 되는 듯이 생각하는 사람들을 볼 때마다, 내 자신이 역겹게 느껴졌었다. 그런 내게 하나님은 예언자의 입을 통하여 치유하는 하나님의 손길을 느끼게 하셨고 내 과거와 현재, 그리고 미래에 관한 하나님의 뜻을 말씀해 주신 것이다. 내가 힘들고 아파할 때에 항상 나와 함께 하셨다는 것을 내게 말씀하고 싶으신 하나님이 예언자들에게 나의 아픈 기억들을 모두 말씀해 주신 것이다. 언제나 하나님이 나와 함께 하셨다는 사실을 내가 알기 원하셨던 하나님! 아버지를 잃은 슬픔으로 마음에 상처난 작은 아이를 돌보셨고, 운동 선수가 되려는 데에 어려움을 겪고 있던 나를 보살피셨으며, 술에 취해 비틀거리던 반항아를 살펴주셨고, 마음의 병을 앓고 있는 한 학자를 잊지 않으신 하나님! 왜 나같은 사람에게 그런 관심을 쏟으셨을까? 이를 생각할 때마다 내가 하나님께 얼마나 소중한 존재인지를 알 수 있었다.

나는 진리를 발견했다. 나는 이전부터 많은 교인들에게 진리가 무엇인지 너무나 많이 설교를 해왔다. 사실, 진리라는 것은 직접 경험해서 아는 것이 아니라고 해도 그냥 말로 설명하기에 힘든 것은 아니었다. 하나님이 항상 나를 특별하게 생각하셨다는 것을 가슴으로 느낀 지금, 나는 그 어느 때보다도 하나님을 사랑할 수밖에 없었다. 하나님은 선지자를 통해 여태껏 어디서나 특별한 사람이 되어야 한다는 강박관념에 사로잡혀 있던 나를 해방시키셨다. 그리고 나의 존재를 확인하고 느끼기 위해 하나님의 사랑 이외에는 아무것도 갈망하고 구할 필요가 없음을 깨우쳐 주셨다. 이렇게 하나님과 나의 연애는 눈 깜짝할 사이에 다시 진전되기 시작했고, 나는 내가 느끼고 있는 그 무한한 행복을 말로 표현할 수가 없었다.

하지만 예언자가 말한 부분들 중 전혀 이해가 가지 않는 부분도 있었다. 하나님이 내게 새로운 아버지를 허락하시리라는 말이 도대체 무슨 뜻인가? 나를 향한 그분의 약속들을 어떻게 이루실 것인가? 주님이 그 일을 하시기 위해 내가 해야 하는 역할과 일들은 과연 무엇일까? 지금에 와서야 그 당시에는 미쳐 알 수 없었던 일들을 이해할 수 있을 것 같다. 예언자와의 만남을 통해 들은 이해할 수 없는 해괴한 하나님의 약속들, 하나님의 능력이 나의 삶을 이토록 놀랍고 풍요롭게 해주었다는 사실을 말이다.

이 일을 통해 내가 행운아라는 생각과 동시에 막연한 불안함을 느꼈다. 마치 건너지 말아야 할 강을 건너 버린 느낌이었다. 웬지 나의 삶이 예전과 같이 평범하지 않을 것 같았다. 오랫동안 나와는 무관할 것 같던 모험의 세계가 눈 앞에 다시 펼쳐진 것이다.

무엇보다도 그 예언자가 어떻게 나의 과거와 미래에 관해 그렇게 훤히 알고 이야기를 할 수 있었는지가 가장 궁금했다. 이 책의 전체 내용은 바로 이 질문에 대한 답이라고 봐도 될 것 같다. 무엇보다도 내 자신이 오랫동안 이 질문에 관한 답변을 갈망했기에, 정답을 얻기 위해 지금 다른 사람들과도 이 진리를 나누고 싶다.

2
하나님이 주신 달란트 찾기

어떤 대단한 사람이 있었다. 지금부터 그의 이야기를 여러분과 나누려고 한다. 그의 이름은 폴 카인이며, 경제 대공황이 있었던 1929년에 태어났다. 이처럼 몰아 닥친 대공황에 그의 가족들은 매우 궁색한 생활을 면할 날이 없었다. 그의 아버지는 텍사스의 가르랜드라는 작은 동네에서 한 시간에 10센트씩 받고 정원 허드렛일을 히며 다섯 가족을 부양해야 했다.

그 당시, 영화 한 편을 보는 데 10센트였다. 때문에 어린 폴은 영화를 보고 싶어도 힘들게 일하시는 아버지때문에 차마 영화 한편 볼 엄두조차 내지 못했다고 한다. 8월의 땡볕 아래 이마에서 줄줄 흐르는 땀이 콧 줄기를 타고 사정없이 떨어지는 것도 모르고 허리를 굽히고 자신과는 비교도 되지 않게 잘 사는 사람의 집 정원 뜰을 열심히 일하는 아버지의 모습을 떠올리는 그의 어린 마음은 매우 무거웠다. 아버지가 허리가 휘도록 한 시간 일해 받는 10센트는 겨우 한 시간 반 짜리 영화 한 편을 볼 수 있는 액수밖에 되지 않았다.

이러한 환경은 폴이 예언자로 부르심을 받게 되는 중요한 요인 중 하나로 작용한다.

과연 누가 이 보잘 것 없고 가난한 가정에서 태어난 어린 소년이 하나님의 부르심을 입고 전 세계에 있는 많은 사람들의 삶을 바꾸어 놓게 될 것이란 사실을 상상이나 할 수 있었을까?

폴은 여덟살 때 자신이 다니던 침례교회에서 세례를 받고 예수님을 구주로 영접하기로 결심했다. 그리고서 얼마 지나지 않았을 즈음 누나와 함께 집 근처에 있는 교회에서 열리는 기도회에 참석했다. 무릎을 꿇고 기도하던 중, 폴은 무언가가 자신의 몸을 감싸 안는 듯한 느낌을 받았다. 너무나 무서웠다. 이 자리에서 죽거나 천국으로 가는 것이 아닌가 하는 생각이 들었다. 그는 기도를 채 끝마치지도 못하고 누나를 찾아 허겁지겁 도망치듯 집으로 달리기 시작했다. 그러나 무언가가 그의 몸을 감싸고 있다는 느낌은 가시지 않았다.

그 알 수 없는 느낌은 집이 가까워 올수록 오히려 더 강해지고 있었다. 밀려드는 두려움, 말로 표현할 수 없는 기쁨이 묘하게 그를 가득 채웠다. 잠자는 시간이 되었을 무렵, 그는 참을 수 없는 기쁨이 자신을 질식시키지는 않을까 하고 생각했을 정도로 기쁨에 가득차 있었다. 갑자기 그의 방 안이 텍사스의 오후에 내리쬐는 태양보다도 더 밝은 빛으로 가득찼다. 그 빛과 함께 어떤 목소리가 그의 이름을 조용히 불렀다.

"폴! 폴…!"

새파랗게 질린 어린 소년은 머리를 세차게 휘젓고, 눈을 감은 뒤, 머리 위로 이불을 뒤집어쓰고 벌벌 떨기만 했다. 은은하게 그의 이름을 부르던 음성이 작고 나직한 속삭임처럼 그에게 다가와 말하기 시작했다.

"폴, 네가 태어나기 훨씬 전부터 내가 너를 위해 준비해 놓은 특별한 계획이 있단다."

잠시 후, 방안을 가득 매우던 빛과 그를 감싸고 있던 그 무언가가 사라졌고 방은 다시 정상으로 돌아왔다. 그러나 그 방에 앉아 있는 폴은 이제 더 이상 예전의 그가 아니었다. 다시는 평범하고 어린 소년이 될 수 없을 것 같았다. 하나님의 영으로부터 예언자로 부르심을 받았기 때문이다.

태초부터 하나님은 이와 비슷한 모습과 방식으로 하나님의 영을 사모하는 크리스천과 그의 사랑에 목말라 하는 사람들을 찾아 오셨다. 하나님의 존재만이 줄 수 있는 만족과 기쁨, 그리고 그의 거룩하심은 우리에게 기쁨과 두려움을 동시에 주며, 이 모든 것들은 차마 사람의 말로는 표현할 수가 없다. 그러니 겨우 여덟 살이었던 폴은 어떠했겠는가? 자신이 느끼는 감정을 말로 표현하기에 불가능했던 것은 물론, 도대체 무슨 일이 일어난 것인지 가늠할 만한 기본 지식조차 없었으니 말이다. 그날 밤, 하나님은 폴을 향한 그분의 계획을 보이셨고 이를 위한 훈련을 시작하셨다. 그리고 하나님 이외에 그가 가는 길을 인도할 수 있는 이는 아무도 없었다.

그 사건이 일어난 후부터, 폴은 평범한 사람들이 가지고 있지 않은 능력을 소유하게 되었다. 예를 들어, 친지들과 함께 모여 한 상에 둘러앉아 식사를 하면 그들이 무엇을 생각하고 있는지 금방 파악할 수 있었다. 처음에 그는 자신이 다른 사람의 생각을 읽을 수 있는 능력을 소유하고 있는 사실이 특별하다고 생각하지 못했다. 또한 이 모든 변화가 그날 있었던 하나님의 부르심과 관련이 있다는 사실조차 알 수 없었다. 그는 모든 사람들이 자신과 같은 능력을 가지고 있다고 생각했다. 이렇게 아무 것도 모르는 어린 폴이 자신이 알고 있는 일들을 이야기하기 시작했을 때, 사람들이 보인 반응은 여태껏 다른 이들도 그렇다고 믿어왔던 폴의 생각과는 전혀 달랐다. 결국 그는 이를 통해 자신이 가지고 있는 능력이 결코 평범하지 않다는 사실을 깨닫게 된다. 걱정이 많이 되기 시작했다. 여태껏 가깝게 지내온 친척들이 속으로는 폴의 가족들에 대한 미움과 분노를 품고 있었다는 사실을 알게 된 이상 그는 예전과 같은 마음으로 친척들을 대할 수가 없었다.

폴은 계속해서 이상한 것들을 보기 시작했다. 보통 사람들은 볼 수 없는 천사나 악마의 모습이 눈에 보였고, 어떤 때는 집 앞에서도 집 안에 누가 와 있는지, 어떤 옷을 입고 있는지, 무엇을 하고 있는지도 알 수가 있었다. 폴이 다니는 남침례교회의 목사님인 닥터 페리쉬는 폴의 능력을 금방 포착해 냈다. 목사님은 교인들의 집에 심방을 갈 때면 폴을 동행시키기 시작했다. 목회를 하는 데 꼬마 예언자인 폴의 능력이 많은 도움을 준다고 생각했기 때문이다.

폴을 부르신 하나님의 부름과 사람들 마음속의 미세한 것까지도 읽어내는 비상한 그의 능력은 매우 독특하고 보기 드문 사건이었지만 그 안에서 보이는 하나님의 주권과 통치하심의 특징은 다르지 않았다. 성경에 나오는 대부분의 사람들도 그랬듯이 그 역시 이러한 능력을 하나님께 구한 적이 없었다. 하나님은 꼬마 사무엘을 부르신 것처럼 폴을 부르셨다(삼상 3:1-18). 어린 나이에 영적인 세계를 경험하고 싶은 생각은 추호도 없었다. 그러나 그런 그의 의지와는 상관없이 어느 날 갑자기 그런 기적들이 그의 생활에 일부가 되어버렸다. 어떤 일들은 너무 난해해서 거의 50여 년이 지난 후에

나 그 뜻을 이해할 수 있을 정도였다.
 폴의 이야기는 나중에 더 하겠지만, 여기서 한 가지 확실하게 짚고 넘어 가고 싶은 것이 있다. 하나님은 오늘날에도 폴에게 하신 것과 같이 "쓰시고자 하면 우리의 의지와는 상관없이 우리를 쓰시는 하나님"으로 다가오신다.

예기치 못한 선물

 폴 카인을 향한 하나님의 선물은 하나님의 주권아래 예기치 못하게, 당장은 이해하기 어려운 상황으로 다가왔다. 많은 예언자들이 이와 같은 방법으로 예언의 은사를 받는다. 컨퍼런스에 가곤 하면 갑자기 받은 예언의 은사로 당혹스러워하는 사람들을 끊임없이 만난다. 그들의 질문은 하나같이 이렇다: "도대체 저에게 무슨 일이 일어나고 있는 건가요?" 한 실례를 들어보자.

하나님의 주권적인 역사

 근래에 리넷이라는 부인에게서 들은 악몽에 대한 이야기를 해 보겠다. 리넷은 두려움에 떨었다. 꿈속에서 그녀는 2미터 정도 되는 구덩이가 셀 수도 없이 많은 독사로 가득차 있는 광경을 보았다. 그리고 아기들이 그 독사들 위에서 기어 다니며 놀고 있었다. 그때, 어떤 외침이 그녀의 귀에 들렸다. "어서 애들을 구하지 않고 뭐해!"
 리넷은 이 해괴한 꿈의 정체를 알고 싶어했다. 생전 듣도 보도 못한 거대한 '독사떼'를 꿈에서 봤다는 사실이 큰 충격이었던 것 같다. 나는 성경에 나와 있는 예수님의 말씀을 이야기해주었다. 마태복음 12:34과 23:33에 보면 예수님께서 자신을 적대하는 종교지도자들에 관한 말씀을 하고 계신다. 종교적인 교리와 율법에 흠뻑 젖어 있던 종교 지도자들은 이로 인해 눈이 멀어 진정한 생명이신 하나님을 볼 수가 없었다. 리넷의 꿈속에서 나온 독사들은 오늘날의 많은 교회 지도자들을 상징한다. 그 위에서 놀던 아기들은 교회에 새로 나왔거나 믿은지 얼마 안되는 신자들을 가리킨다. 하나님의 말씀을 먹지 못하고, 오히려 교회 지도자들에게 상처받고 나쁜 영향을 받아 힘들어 하는 성도들을 뜻하는 것이다.

리넷은 이렇게 험하고 생생한 꿈을 자주 꾼다고 했다. 언젠가부터 그런 꿈을 꾸기 시작했다고 한다. 그러나 이런 꿈들을 왜 꾸는지 알기 위해 기도를 해본 적은 없었다. 사람들을 만날 때면 머리에 떠오르는 어떤 특별한 느낌에 대해서도 기도할 생각을 못했다. 그녀는 이렇게 알지도 못하는 사람을 만났을 때 드는 친밀감과 익숙함이 당혹스러웠다. 어떤 때는 그 사람들 마음속의 목소리가 크게 들려오기도 했다. 도대체 무슨 일이 일어나는 건지 알 수가 없었다. 정말 당혹스러웠다. 지금까지 성령의 은사나 예언의 은사에 대한 부분은 무조건 반대하고 못마땅하게 여기던 열정적인 교인이었기에 더욱 그랬다.

리넷이 받은 은사는 그녀에게 좋은 일이기도 한 동시에 나쁜 일이기도 했다. 좋은 일은 리넷이 예언적 목회의 일원이 되었다는 것이고, 나쁜 일 역시 그가 예언적 목회로 부름을 받았다는 사실이었다.

하나님의 비밀을 알아가게 된다는 사실은 너무나 행복한 일이었다. 그렇지만, 주위의 사람들이나 자기 자신 역시 계속해서 이게 맞는지 틀린지를 의심하고 질문해야 한다는 사실은 그 자체만으로도 무거운 짐이 될 수밖에 없었다.

하나님이 우리에게 예언의 은사를 주시는 방법에는 여러 가지가 있겠지만, 리넷에게 일어난 경우는 많이 알려진 방법 중에 하나이다. 하나님은 깜짝 이벤트를 좋아하시는 것 같다. 쳇바퀴 돌듯이 지루한 신앙생활에 개입하셔서 예언의 은사를 통해 우리에게 활기를 불어 넣어주신다. 하나님의 비밀과 하나님과의 신나는 모험을 경험하게 해주신다. 이러한 경험으로 인해 우리는 하나님을 알게 되고 새로운 피조물로서 새롭게 살아가는 계기를 맞게 된다.

> "그런즉 누구든지 그리스도 안에 있으면 새로운 피조물이라 이전 것은 지나갔으니 보라 새 것이 되었도다."(고후 5:17)

"이 모든 일(성령의 선물)은 같은 한 성령이 행하사 그 뜻대로 각 사람에게 나눠 주시느니라"(고전 12:11). 이 말씀은 하나님의 주권적인 섭리를 말하고 있다.

성령님은 예수의 이름을 믿는 자들이면 그 누구에게나 성령의 선물을 주신다고 했다(고전 4:10 참조). 성령의 선물은 주로 예수님을 구주로 영접하는 그 순간 받게 된다. 많은 사람들은 무의식적으로 바로 그 순간에 받는 선물이 성령님께서 우리에게 마지막으로 주시는 선물일 거라는 단정을 짓는다. 또한 성령님이 내리는 모든 결정에 우리의 생각이나 상황 따위는 전혀 고려되지 않는다는 생각을 한다. 그렇다면 누구든지 세례를 받을 때, 또는 그리스도를 영접하는 순간에 예언의 은사를 받지 못했다면, 평생 그 은사를 받지 못한다는 말이 되는데, 과연 옳은 생각일까?

성경을 자세히 읽어보기 바란다. 사실 주님의 사람들이 겪게 되는 많은 경험을 비추어 본다면, 이러한 믿음은 바람직하지 않다.

사도들을 통한 하나님의 역사하심

디모데후서 1:6을 보면, 사도 바울은 디모데에게 "그러므로 내가 나의 안수함으로 네 속에 있는 하나님의 은사를 다시 불일듯하게 하기 위하여 너로 생각하게 하노니"라고 말하고 있다. 여기서 하나님의 은사는 영적 선물을 의미한다. 사도 바울은 로마에 있는 교인들에게 편지를 보낸다: "내가 너희 보기를 심히 원하는 것은 무슨 신령한 은사를 너희에게 나눠주어(impart) 너희를 견고케 하려 함이니." 사도 바울은 영접할 당시에 성령의 선물을 받지 못한 사람이 있다면 자신이 가지고 있는 하나님의 사도 자격으로 그들에게 자신이 소유하고 있는 성령의 은사를 부어줄 수 있는 권리가 있다는 것을 잘 알고 있었다.

오늘날에도 과연 옛날과 같은 사도가 있는지 없는지를 가리고자 하는 것이 아니다. 교회에는 리더의 자격으로, 목회자의 자격으로서 우리보다 더 많은 권한이나 권리를 가지고 있는 하나님의 일꾼들이 있다는 사실을 인정하는가? 그렇다면 당신은 바로 오늘날의 그러한 하나님의 일꾼들이 옛날 사도들의 역할을 감당해 내고 있다는 사실 또한 인정하는 사람일 것이다. 주님의 기름부음을 받은 그들이 주님의 이름으로 우리를 위해 기도할 때, 하나님은 그들의 기도를 통해 우리에게 성령의 은사를 내리시기도 한다. 또한 우리가 가지고 있는 은사를 더욱 강하게 다지는 데 도움이 되게도 하신다.

캘리포니아 에너하임에 있는 빈야드 크리스천 공동체에서 수년 간 목회를 해왔으며, 빈야드 운동의 리더이기도 한 존 윔버(John Wimber)는 사도 바울과 같이 성령의 선물을 나누어 줄 수 있는 능력을 가진 하나님의 일꾼이었다. 몇 년 전, 존은 주일 저녁 예배에서 나의 머리에 두 손을 얹고 기도를 해 주었다. 하나님은 나에게 성경말씀에 관해 깊고 해박한 지식을 가질 수 있도록 성경말씀을 사모하게 하는 은사를 주셨다. 또한 그리 강력하지는 않았지만 신유의 은사도 주셨다. 존은 내가 가지고 있는 은사가 더욱 하나님을 위해 쓰이기에 부족함이 없도록 힘을 더해 달라고 간구했다. 그 다음 날, 나는 또 다른 교회의 초청 강연을 위해 떠났다.

초청 강연을 여기저기 다니던 나는 어느 날 말씀을 마치고 막 강단을 내려오는데, 막 육십이 된 듯 보이는 노인 한 분이 눈에 들어왔다. 한 눈에 그 사람이 무슨 걱정을 안고 살아가는지 알 수 있었다: 치매. 어떻게 그 사람의 생각을 알 수 있었는지 모르지만, 특별히 어떤 비전이나 목소리가 들렸던 것이 아니었다. 그대신, 그에게 두번째 시선을 던졌을 때 나는 치매증에 관한 두려움에 치여 사는 그의 고달픈 모습을 볼 수 있었다. 나를 위해 안수 기도를 해 준 존 윔버같은 사람에게는 매우 흔한 일이겠지만, 나에게는 아니었다.

나도 모르게 그에게 말을 걸었다: "잠깐 말씀 나누고 싶습니다. 제가 보기에 치매에 관한 두려움에 눌려 사시는 듯 보입니다만…"

"글쎄요, 누구나 나이 드는 것에 대한 두려움을 가지고 살아간다고 생각하는데요?"

그가 멋쩍은 듯 대답했다.

잠시 머뭇거리던 그는 드디어 속마음을 열어 보였다.

"말씀하신 대로입니다. 정확히 맞추셨어요."

그는 공식적으로 자신의 속 이야기를 한다는 사실에 매우 거북해 했다. 아무도 모르게 마음속 깊숙이 숨겨놓은 비밀이었기 때문이다. 그러나 하나님은 그의 아픔을 알고 계셨다. 그날의 집회에서 내게 내리신 예언의 은사라는 도구를 통해 한 사람을 짓누르고 있는 고통을 덜어주기 원하셨던 것이다. 그와 하나님의 말씀을 나누고 안수기도를 해준 뒤 돌아섰다.

그 때 떠났던 초청 강연 여행에서 나는 이와 비슷한 일들을 계속 경험하게 되었다. 그 날, 존 윔버의 기도를 통해 하나님은 내게 새로운 단계의 예언자적 사역과 사람들의 마음을 치료할 수 있는 능력을 심어 주셨다.

예언자를 통한 하나님의 역사하심

디모데는 그리스도를 구주로 영접한 뒤 한참이 지난 후에 또 다른 성령의 은사를 받게 된다. 사도 바울이 디모데에게 "네 속에 있는 은사 곧 장로의 회에서 안수받을 때에 예언으로 말미암아 받은 것을 조심 없이 말며(소홀히 하지 말며)"(딤전 4:14)라고 했다. 교회의 원로 중 예언의 은사를 받은 사람이 있었고, 그들 중 한 사람이 디모데의 머리에 손을 얹고 기도를 한다. 나는 신약시대에 일어난 이와 같은 일들을 오늘날에도 많이 보았다. 이러한 방법으로 하나님은 한 사람에게 예언의 은사를 내리시거나 그 사람 안에 있는 예언의 은사를 일깨우시는 것이다. 이렇게 손을 직접 얹어 기도를 하기도 하지만, 단지 하나님의 말씀을 간단하게 선포하는 것만으로 믿는 이들에게 이러한 은사가 내리기도 한다.

나의 아내 리사 역시 이러한 방법으로 예언의 은사를 받은 사람이다. 내가 신학교수로 재직하고 있을 당시의 일이다. 그때만 해도 나는 오늘날에도 예언자가 존재한다는 사실을 부인했었다. 어느 날 리사는 우리가 다니는 교회의 연인이 나오는 꿈을 꾸었다. 그 커플은 곧 결혼할 계획을 가지고 있었다. 꿈속에서 그녀는 두 사람의 결혼이 완전한 실패로 끝나는 것을 본다. 신랑이 굉장한 바람둥이에다가 폭력적이고, 잔인한 사람이었다. 너무나 생생했다.

"도대체 왜 이런 꿈을 내가 꾸게 되었을까요?"

리사는 의문에 가득찬 얼굴로 내게 물었다.

"참 이상한 일이네. 나도 잘 이해가 안 가는데. 혹시 잠들기 전에 체했다던지, 몸이 좋지 않았던 게 아닐까?" 우리 두 사람 모두 그 꿈과 하나님을 연결시키지 않았다. 그냥 평범한 개꿈일 뿐이었다. 하나님께서는 더 이상 그러한 방법으로 우리에게 말씀하시는 분이 아니라고 나는 확신했다. 리사 역시 신랑될 사람이 너무나 훌륭한 사람이라는 사실을 잘 알고 있었기에 너무나 생생하게 기억에 남은 꿈을 가차없이 무시할 수 있었다. 우리는 사람의 겉모습만을 믿지 말라는 메시지가 담겨 있는 꿈이라는 생각은 하지 못했다. 그 꿈은 얼마 지나지 않아 우리 두 사람의 기억에서 곧 사라졌다. 기쁜 마음으로 결혼식에 참석했다. 그런데 이게 웬일인가! 얼마 지나지 않아 그 꿈속에서 일어났던 일이 그대로 현실에서 일어났다. 그들의 결혼생활이 무너지기 시작한 것이다. 그러나 리사나 나나 이 일과 그 꿈을 연관시켜 생각하지 못했다. 그 꿈에 대해 이미 잊은지 오래였기 때문이다.

몇 년이 지난 뒤, 우린 이러한 예언의 은사를 믿기 시작했다. 성경공부를 인도하는 교사들과 몇 명의 예언자들이 한 자리에 모여 사적인 모임을 가진 적이 있었다. 훗날 내가 존경하게 된 예언자인 존 폴 잭슨(John Paul Jackson)은 리사에게 하나님께서 꿈을 통해서 예언을 하실 것이라는 말을 했다. 리사는 그 이후로 계속해서 단 하루도 거르지 않고 꿈을 꾸게 되었다. 리사는 예언의 은사를 받은 사람이었다. 예언자 존 폴을 만나기 훨씬 이전부터 그녀는 예언의 은사를 소유하고 있는 사람이었다. 교회의 연인에 관한 꿈이 바로 그러한 그녀의 능력을 증명하고 있지 않은가? 존은 하나님께 간구하여 리사에게 예언의 은사를 내리시도록 간구하지 않았다. 하나님은 이미 오래 전에 리사에게 예언의 은사를 선물하시지 않았는가? 존은 리사 자신도 모르고 있던 그녀의 은사를 일깨워 주었을 뿐이다.

성령의 은사를 구하는 기도

어떤 사람들은 은사를 내리시는 것은 전적으로 "성령님 마음대로"이기 때문에 개인적으로 은사 내리시기를 간구하는 것은 아무 소용없는 일이라고 생각한다. 그러나 이러한 생각은 하나님의 주권과 성경말씀을 잘못 이해한 결과이다. 하나님은 우리의 통치자이시다. 하나님은 그분이 뜻하시는 대로 모든 일들을 주관하신다: "모든 일을 그 마음의 원대로 역사하시는 자의 뜻을 따라 우리가 예정을 입어 그 안에서 기업이 되었으니"(엡 1:11). 그러나 이 말씀이 곧 우리의 행동과 하나님의 뜻이 완전히 무관하다는 뜻은 아니다. 우리는 하나님을 슬프게 한다(엡 4:30). 또한 우리는 하나님을 기쁘시게도 한다(시 147:11).

예수님께서는 우리의 간절한 기도가 하나님의 뜻을 바꾸기도 한다고 가르치신다. 예수님께서는 "너희가 기도할 때에 무엇이든지 믿고 구하는 것은 다 받으리라 하시니라"고 말씀하셨다. 야고보 역시 이와 똑같은 내용을 부정적인 어조로 바꾸어 이야기한다. 야고보서 4:2에는 "너희가 얻지 못함은 구하지 아니함이요"라고 기록되어 있다. 결국 성경은 우리에게 하나님의 주권적인 섭리와 인간의 기도가 그분의 뜻에 미치는 영향 모두가 함께 조화를 이루고 있다는 신비로운 메시지를 전달하고 있다. 성경 말씀은 두 가지가 공존한다고 선포하고 있다. 그렇기 때문에 우리는 마음에 사모하고 있는 성령의 은사를 위해 간구할 수 있다. 왜냐하면 우리의 간절한 기도가 성령님의 뜻을 돌릴 수도 있기 때문이다. 야고보는 또한 성령님께서 남들에게 없는 새로운 은사를 간구하라고 우리 모두에게 권하고 계신다고 말한다. 모두가 한 가지 은사를 놓고 기도할 필요가 없다는 것이다. 누군가가 방언을 하면, 그 방언을 해석할 수 있는 사람이 있어야 하며, 그러한 사람이 없다면 방언하는 이는 이것을 위해 기도해야 한다: "그러므로 방언을 말하는 자는 통역하기를 기도할찌니"(고전 14:13). 방언을 통역하는 것도 성령의 은사(고전 12:10)이기 때문이다.

    하나님은 오늘날에도 누구든지 성령의 신물을 간구하는 자들에게 응답하신다. 수많은 은사들 중에 예언의 은사를 원한다면, 이를 위하여 기도해보기 바란다. 다음은 예언의 은사를 간구한 사람이 자신이 예언의 은사를 받았는지 안 받았는지를 알 수 있는 방법에 대해 이야기하겠다.

하나님의 예언자를 분별하는 법

예언자는 세 가지 능력을 가지고 있다. 그러나 그 능력의 깊이는 각각 그 정도의 차이가 있다. 첫째, 정확하게 미래를 내다 볼 줄 안다. 성경에 나오는 예언자 요셉은 바로 왕의 꿈을 해석하여 칠년 동안 닥칠 기근을 정확하게 예견했다(창 41:25-32). 사도행전에 나오는 아가보도 예언의 은사를 받은 사람이었다. 그 역시 천하에 크게 흉년이 올 것이라는 정확한 예언을 한 바 있다(행 11:27-28).

둘째, 현재 우리를 향한 하나님의 계획과 뜻을 전한다. 하나님의 우선순위가 어디에 있는지를 우리에게 알려주는 것이다. 우리의 생활에 있어서 그분이 원하시는 것을 우선 순위에 놓고 하나님의 뜻을 이룰 수 있도록 돕는 사람들이다. 우리가 잘못된 길을 가고 있을 때에 양심의 가책을 느껴 참회할 수 있도록 일깨우기도 하며 새롭게 시작할 수 있는 기회를 준다. 우리가 지금 있는 자리에서 하나님을 기쁘시게 할 수 있도록 여러 가지 방법을 제시해준다.

세번째, 우리에게 찾아오는 이해하기 힘든 고난이나 우리 삶에 그늘을 드리우는 풀리지 않는 수수께끼 같은 일들을 풀어주는 역할을 감당한다. 예를 들어 선지자 이사야를 보자. 선지자 이사야는 의로운 하나님의 사람들이 일찍 죽게 되는 이유를 알고 있었다. 하나님께서 앞으로 닥칠 환난을 피하게 하시려고 미리 데려가셨다고 이사야서에 기록되어 있다("의인이 ① 죽을지라도 마음에 두는 자가 없고; ② 자비한 자들이 취하여감을 입을찌라도 그 의인은 화액 전에 취하여 감을 입은 것인 줄로 깨닫는 자가 없도다"—사 57:1). 내가 경험했던 것처럼, 오랫동안 하나님의 구조 밧줄을 잡지 않는 나를 보시다 못한 하나님이 예언자를 통해 어려서부터 나를 누르고 있던 콤플렉스와 상처에서 벗어나게 하시고, 교수로서의 성공을 거두며 머리만 큰 신앙을 가지고 있던 나의 교만함을 무너뜨리셨던 것도 이와 비슷한 경우이다.

간단하게 말하자면, 예언자들은 우리가 볼 수 없는 일들을 보는 눈을 가지고 있다. 물론 그들에게 이러한 능력을 주시는 분은 하나님이시다. 현재 일어나는 세계의 경향을 공부하고, 철학과 심리학에 정통해서가 아니다. 하나님은 여러 가지 도구를 사용하여 우리를 격려하고, 용기와 희망을 심어 주며, 위로하고, 강하게 하시기 원하신다. 예언자는 하나님의 그러한 뜻을 이루기 위한 많은 방법들 중에 하나일 뿐이다. 하나님은 예언자를 통해 우리가 놀랍고, 아름답고, 강하시며, 선하시고 지혜로우신 예수님을 볼 수 있기 원하신다. 누구나 예수님을 깊이 알수록 예수님을 더 사랑할 수밖에 없다. 그렇기에 하나님은 더욱 예언자라는 도구를 유용하게 사용하길 원하시는 것이다.

자신의 은사를 발견하는 법

크리스천이라면 예언의 은사를 받지 않았더라도 누구나 하나님의 비밀을 발견할 수 있다. 꼭 선교사나 목사가 아니더라도 누군가를 주님께로 인도할 수 있는 것처럼 말이다. 그렇다면 예언자와 평신도의 차이는 무엇일까? 예언자 역시 하나님의 비밀을 알 수 있는 은사를 받은 사람이다. 그러나 한 가지 다른 점이 있다면 예언자가 하나님의 비밀을 깨닫는 일은 매우 지속적이라는 것이다. 하나님께서 주신 은사는 지속적이다. 일시적인 경험을 겪은 후에 예언의 은사를 받은 것이라고 착각하기 쉽다. 상습적으로 이런 환상에 빠져 억지로 하나님의 일을 하려고 한다면 결과는 뻔하다. 좌절과 실패로부터 오는 욕구 불만과 자신의 뜻대로 하나님의 일을 하려는 죄를 짓게 되는 것이다.

하나님께서 주신 은사는 우리가 노력한다고 해서 나타나는 것이 아니다. 은사가 우리 안에 있다면, 밖으로 표출되는 것이다. 예언의 은사를 받은 사람이라면 하나님의 비밀을 알기 위해 땀띠 나도록 뛰어 다니며, 머리가 터질 정도로 고민을 하지 않더라도 알 수 있다. 생각지도 않게 찾아오는 것이다. 그리고 그것이 하나님으로부터 온 것이라면 점점 강해질 수밖에 없다. 이러한 원리는 선교사, 교사, 신유의 은사를 받은 사람, 그리고 모든 다른 은사를 가진 사람들에게도 동일하게 적용된다. 하나님의 모습을 조금이라도 더 닮기 위해 피나는 노력을 해야 하는 것은 너무나 당연하다. 하지만 은사는 하나님이 우리에게 내리시는 선물이다. 그리고 선물은 말 그대로 선물이다. 이는 하나님께서 주셔야 받을 수 있는 것이다. 자신의 은사를 발견하는 데는 여러 가지 방법과 짚고 넘어가야 하는 암시나 증거가 있다. 그러나 이러한 방법들을 설명하기 전에, 예언의 은사를 받고 싶은 사람들이 사모하는 마음이 너무 지나쳐 저지르는 실수와 그에 따른 결과에 관한 실례를 들어보도록 하겠다.

잘못된 판단과 그 결과

"하나님이 저를 예언자로 부르셨어요." 어떤 젊은이가 찾아와 심각하게 말했다.

"그걸 어떻게 확신하십니까?" 나는 조심스레 물었다.

"사람들을 대하거나, 교회, 그리고 목회 양상을 보면 그들의 부정한 행위와 잘못된 점들이 한 눈에 들어 옵니다. 단 한 눈에 알 수가 있다구요."

"그런 능력을 가지고 산다는 것이 어떤가요? 재미있는 일이 많이 일어날 것 같은데."

"재미있는 일이라뇨. 오히려 정반대입니다. 제가 다니는 교회의 목사님이나 사람들은 전혀 아무런 감각이 없는 것 같아요. 저의 예언은 모두 하나님이 주시는 말씀임에도 불구하고 오히려 굉장히 기분 나쁘게만 듣더라구요! 도대체 뭐가 어디서부터 어떻게 잘못된 건지 모르겠어요."

그가 예언의 은사를 정말 받았는지 안 받았는지는 확실하게 증명할 수는 없지만, 그가 정말 예언의 은사를 받은 사람이라면 이렇게 극단적인 행동을 보이지 않았을 것이다. 그의 이러한 행동은 오히려 예언의 은사를 완전히 잘못 이해한 데서 나온 결과라고 볼 수 있다. 이러한 오판의 결과로 그의 생활에서는 평화와 기쁨이 사라졌고 분쟁과 불화가 끊이지 않게 된 것이다. 언제나 남의 모자란 점을 꼬집어 내어 폭로하는 것은 하나님께로부터 온 은사일 수 없다. 오히려 강박 관념에 가깝다. 자신을 제대로 다스리지 못한 데서 온 이러한 증세는 오히려 주위에 있는 사람들에게 상처를 주고 그들을 낙담시키는 결과를 가져왔다.

이것은 다른 교회에서 일어났던 일이다. 어느 날 화가 머리 끝까지 오른 부부가 찾아와 말했다: "정말 이해할 수가 없어요. 여태껏 우리 교회 리더들에게 목회 방침이 어떤 점에서 잘못 되었는지 조언을 해왔었습니다. 그런데 아무도 귀 기울이지 않았었어요! 당신이 이틀 동안 한 설교 내용은 저희가 그렇게 오랫동안 귀가 닳도록 얘기해준 내용과 다를 게 하나도 없었어요. 그런데 그 사람들, 우리가 이야기기할 때는 콧방귀도 안 뀌더니, 당신 말에는 동조했어요! 정말 그 사람들을 이해할 수가 없어요." 이들은 자신들의 상태를 잘 파악하고 있지 못했다. 마음이 강퍅하고, 반감과 비판으로 가득찼으며, 예언자로서의 위신이나 권위가 전혀 없는 자신들의 모습에 관한 상황 판단이 올바르지 않았다. 예언의 은사를 실질적으로 받지 못한 사람들이었기에 어떠한 모델을 찾고 있던 그들은 구약의 선지자들을 모델로 삼았다. 썩어 가는 지도자들과 하나님을 저버리고 다른 길로 가고 있는 백성들을 향한 하나님의 거룩한 분노를 표출하던 구약 선지자들의 모습을 재현하고 있었던 것이다.

마태복음 23장을 보면, 하나님은 항상 불순종하는 자들로 인해 분노하신다. 하나님은 오늘날에도 역시 그분의 사람을 통해 그분의 분노하심과 아파하심을 우리에게 알리신다. 그러나 이러한 목적을 위해 쓰시고자 하는 사람에게 하나님은 그의 권세를 부여하신다. 또한 하나님은 이와 같이 민감하고 막중한 일을 이제 막 예언의 은사를 받아 훈련이 전혀 되어 있지 않은 사람에게 맡기시지 않는다. 믿음이 성숙하고 하나님이 원하시는 거룩한 삶을 사는 자에게 하나님은 이러한 일을 감당시키신다.

다른 사람들의 실수나 잘못을 꼬집어 낸다든지, 이와 함께 분노가 동반한다면 이는 예언의 은사와는 무관하다. 오히려 상처를 간직한 채 하나님의 치유하심을 거부하고 있는 상태에 처해 있는 것이다.

신약에 나오는 예언자들을 보면 주로 하나님의 나라 건설을 위해 부르심을 받은 자들이다. 분노는 상처받은 이들의 가슴을 더욱 상하게 만들 뿐이다. 그리고 상처를 더욱 깊게 만든다. 하나님의 거룩한 분노는 불순종하는 사람들에게 양심의 가책을 느끼게 하여 참회할 기회를 준다. 그러나 신약에 나오는 예언자적 목회의 주요 구성원이던 교인들은 모두 믿은 지 얼마 되지 않은 새 신자들이었다. 그러므로 그들을 다루시는 하나님의 방법 또한 다르지 않을 수 없었다. 썩어 빠진 교회의 리더들이나 불순종하는 자식을 다루는 방법과 차이가 있는 것은 너무나 당연했다. 진정한 예언자는 사람들 속에 있는 죄를 볼 수 있는 동시에, 그러한 죄인들을 하나님께로 돌릴 수 있는 지혜로운 방법 또한 알고 있다.

특별히 은사가 없는 사람이라도 죄책감을 느끼게 하는 일은 쉽다. 그러나 하나님의 은혜와 자비를 사람의 마음속에 심어주는 일은 하나님께서 주신 특별한 은사 없이는 불가능한 일이다. 하나님의 은사를 통해 하는 일은 그 은사를 행하는 사람과 받는 상대방 모두에게 하나님께로부터 온 기쁨과 믿음이 넘치게 한다.

내가 처음 예언자를 대면했을 때 그랬다. 예언자와의 대면을 끝내고 방을 나서며 나는 하나님의 박식함, 지혜, 현명함, 자비, 선함, 그리고 사랑을 마음 가득 느낄 수 있었다. 기쁨이 넘쳐 흘렀다. 내 평생에 있어서 이렇게 믿음이 고양되어 있는 상태가 없었던 것 같았다. 주님을 향한 열정이 타올랐다. 내가 아는 사람들과 친구들에게 이러한 예언자적 목회를 소개시켜 주고 싶어 흥분되었다.

만약, 내가 만난 예언자가 분노로 가득찬 사람이었다면 어땠을까? 여태껏 내가 지은 죄를 줄줄이 듣고 호되게 꾸짖음을 받았다면 어땠을까? 개인적으로도 내 자신이 죄가 너무나 많은 사람이라는 것을 인정한다. 그러나 하나님은 나를 참회시키기 위해서는 꾸짖음보다는 위로가 적절하리라는 것을 너무나 잘 알고 계셨던 것이다!

주님은 꾸짖음대신 주님의 지혜와 사랑으로 나를 감탄하게 만드셨다. 결국 이러한 주님의 자비를 통해 나는 교만이라는 죄를 버릴 수 있었다.

다음은 하나님이 자신을 예언자적 목회의 일원으로 부르시는 것은 아닐지 고민하는 이들을 위한 글이다. 하나님의 부르심이 맞는지 아닌지 구별할 수 있는 여러 가지 방법들을 함께 나누고 싶다.

나의 소원과 하나님의 뜻

하나님이 사람을 이끄시는 방법 중 매우 흔한 방법이 바로 사람에게 사모하는 마음을 심어주시는 것이다. 어떤 크리스천들은 이와 반대로 생각하기도 한다. 내가 가기 싫은 곳, 하기 싫은 것, 맡고 싶지 않은 일에 하나님의 뜻이 있다고 믿는다. 즉 자신의 소원과 정반대인 길을 가는 것이 곧 순종하는 것이라 생각하는 것이다. 한 번은 굉장한 미인과 이야기를 나눈 적이 있다. 그녀는 하나님이 자기를 아주 못생긴 남자나 목사와 결혼시키실까봐 너무 두렵다고 했다. "목사님을 두고 하는 말이 아니니 너무 언짢게 생각하지 마세요." 그녀가 조심스럽게 말했다. 하나님의 뜻은 자신이 바라는 것과는 다른 방향으로 정해져 있다는 잘못된 믿음 때문에 하나님의 뜻에 순종하는 것은 곧 벌을 받는 것과 다르지 않다는 생각을 하게 된다. 어쩌면 그녀의 마음속에 잠재해 있는 죄책감이 이러한 생각의 원인이 될 수도 있겠다. 아니면 사람의 욕망이나 개인적인 소원이란 바람직하지 않으며 믿을 만한 것이 아니라는 말을 귀에 못이 박히게 들으며 신앙 생활을 했기 때문일 수도 있다. 정말 재미있는 사실은 결국 그 여인이 목사 사모가 되었다는 후문이다.

성경은 우리 마음속의 소원을 긍정적인 관점에서 해석하고 있다. 시편 37:4에 보면, "또 여호와를 기뻐하라 저가 네 마음의 소원을 이루어 주시리로다"라는 말씀을 통해 우리에게 새로운 언약을 말씀하고 계신다. 빌립보서 2:13 역시 "너희 안에서 행하시는 이는 하나님이시니 자기의 기쁘신 뜻을 위하여 너희로 소원을 두고 행하게 하시나니"라고 말하고 있다. 평화와 기쁨의 원천이신 주님을 그 마음속에 모시고 사는 사람라면 누구나 그 마음속의 소원이 이끄는 곳으로 갈 수 있다. 그 사람을 주장하시는 분은 결국 하나님이시기 때문이다.

예언의 은사를 사모하는가? 주님 안에서 기쁨이 넘치는 생활을 하고 있는가? 이 두 가지 질문에 모두 '네'라는 대답을 했는가? 위의 질문은 하나님이 그의 일꾼을 예언자적 목회로 이끄시고 있다는 많은 증거들 중 하나이다. 지금 당신이 사모하는 마음의 소원을 무시하지 말고 인정해보자. 주저하지 말고 그 마음의 소원을 따라서 걸어가 보자. 성경은 주님의 멍에는 쉽고 가볍다고 말하고 있다. 그렇다면 하나님이 왜 당신이 죽어도 하기 싫어하는 일을 꼭 당신에게 맡기시겠는가? 하나님은 그렇게 무정하신 분이 아니시다.

카운슬러의 중요한 역할

성경이 말하고 있는 예언의 은사가 오늘날에도 적용되고 있다는 사실을 확신하게 된 이후, 나는 마음의 문을 조심스럽게 열었다. 그러나 막상 하나님께서 예언자를 통하여 치유의 손길로 나의 상처를 감싸 안으시는 경험을 하고 나니 이러한 예언의 은사를 받고자 하는 마음이 간절해졌다. 그러나 그때만 해도 내 마음의 소원에 대해 불신하고 있었기에 더더욱 믿을 만한 사람에게서 조언을 얻고 싶었다. 그래야만 나의 사역 가운데 예언의 은사가 중요한 역할을 할 것이라는 확신을 얻을 수 있을 것 같았다. 잠언에 보면 하나님은 우리 주위의 사람들을 통해서도 우리를 인도하신다는 말씀이 있다: "의논(counsel)이 없으면 경영이(plans) 파하고 모사가 (advisers) 많으면 경영이 성립하느니라"(잠 15:22).

나는 잘 모르는 많은 사람들에게서조차 치유 중심의 목회와 예언자적 목회를 함께 하라는 계시가 담겨 있을 듯한 조언을 많이 듣게 되었다.

은사에 관한 상담을 하고 싶다면 자신에 대해 잘 알고 있는 사람을 찾아야 한다. 그리고 중보기도를 부탁하라. 이미 예언의 은사를 가지고 있는 사람에게 서슴치 말고 자신을 위해 기도해 달라는 부탁을 하라.

시도를 두려워 말자

정기적인 체험이 계속된다면 당신에게 예언의 은사가 있다는 증거라고 믿어도 된다. 사실 처음에는 이 모든 것이 굉장히 두렵게 느껴질 것이다. 사람들의 마음을 읽을 수 있게 되고, 잘 때나 깨어 있을 때나 고요한 음성이 귀에 들리고(에스겔 선지자처럼), 눈 앞에 비전이 보이게 되는 등 너무나 새롭기만 한 경험을 계속 하게 되는 것이다. 혹시 정신이 어떻게 된 건 아닌지 의심을 하게 되는 것도 무리가 아니다. 물론 정신이 이상해진 사람에게도 이와 비슷한 현상이 일어나기는 한다. 그러나 마음에 성령을 모시고 사는 사람이라면 그것은 분명히 주님께서 선물하신 성령의 은사일 것이다.

또 다른 증거로 볼 수 있는 것은 당신의 입을 통해 나오는 내용의 정확성과 건설성이다. 건설적인 사역은 주님으로부터 온다. 파괴적인 세상과는 대조적이다.

마지막으로, 세상에 쉬운 일은 없다. 자신이 소원하는 은사를 받고, 그것을 확인해가는 과정은 어렵다. 자신이 은사를 받았다고 확신한다면 이를 시험하는 장소로 교회는 피해야 한다. 특히 예언자적 목회와 거리가 멀거나 이에 대해 크게 마음이 열려 있지 않은 교회라면 더욱 그렇다. 마음과 뜻이 맞는 사람들이나 한 가정을 장소로 은사를 받은 사람들을 훈련시키는 소명을 감당할 만한 소규모 그룹에 참여해 보자. 큰 도움이 될 것이다.

그러나 그 전에 경계해야 할 두 가지 규칙이 있다. 첫째, 리더가 있는 그룹이어야 한다. 선장이 없는 배가 산으로 가듯이 리더가 없는 그룹은 엉뚱한 곳으로 가게 되어 있다. 둘째, 교회를 이끄는 리더들의 허락과 축복 속에 이루어지는 모임이어야 한다. 이 부분에 대해서는 천 번, 만 번을 강조해도 부족할 것 같다. 예수님의 목숨과 같은 교회를 우선하지 않는 모임이 어떻게 하나님의 축복을 바랄 수 있겠는가?

그룹의 리더는 자신이 속한 교회의 장로들과 리더, 목사님에게 모임의 성격, 장소와 시간 등을 항상 자세하게 알려야 할 의무가 있다. 또한 참석을 원하는 교인이라면 누구에게나 모임의 문이 항상 열려 있어야 한다. 어떤 교회에서는 이러한 가정 모임을 환영하지 않는다. 하나님의 선택을 받은 특별한 사람이라는 긍지를 불필요하게 강조하고 부추기는 경향이 짙어지는 경우가 많기 때문이다. 예를 들어, "우린 다른 교인들보다 훨씬 영성이 깊다"는 교만한 생각을 하기 쉽다. 그리고 이러한 교만은 다른 교인들에 대해 비판적인 태도를 가지게 되며, 더 나아가 교회의 권위에 도전하게 하는 요인이 되어 버린다. 그러나 그룹을 이끄는 리더가 하나님의 뜻을 따라 살며, 하나님이 사랑하시는 교회에 복종할 줄 아는 사람일 때, 이러한 문제는 사전에 방지할 수 있다.

부족하지만 이러한 소그룹의 리더를 맡고 있을 때 나는 이러한 규칙들을 지키기 위해서 모임을 시작하기 전에 15분이나 20분 동안 찬양과 경배의 시간을 갖곤 했다. 그 다음 15분 동안은 우리가 어떻게 하나님의 사역에 동참할 수 있는지, 즉 어떻게 교회의 사역을 돕는 역할을 할 수 있는지에 대한 말씀을 나눴다. 그리고 우리의 길을 인도해 주시기를 주님께 기도드렸다. 그러는 중에 어떤 이는 비전을 보거나 감동을 받기도 했고, 그에 관련한 성경말씀이 떠올라 함께 나누기도 했으며, 어떤 사람을 위해 명확하고 자세한 중보기도를 하기도 했다. 하나님의 교회를 돕는 여러 가지 도구, 즉 치유와 인도하심을 간구했고, 더욱 많은 사람에게 성령의 은사를 내려달라고 기도했다. 끝나기 전에는 항상 혹, 모임 중에 참여를 할 기회가 없었던 사람들을 위해 서로 시간을 나누고 기도를 나누는 것도 잊지 않았다. 사실, 가장 마음을 설레게 하는 감동은 모임이 끝난 후에 일어나는 경우가 많았던 것 같다.

내가 이러한 모임을 사모하는 이유는, 모임 안에서 하나님이 어떻게 역사하실지를 모르고 시작하기 때문에 커다란 기대감에 부풀게 되기 때문이다. 그리고 하나님의 선하심과 자비는 언제나 기대에 차있는 나를 실망시킨 적이 없다.

하나님의 이러한 선하심과 자비를 믿는다면 자신의 은사를 발견하기 위해 애쓰는 사람들에게 커다란 위로가 된다. 그러므로 두려울 것이 없지 않은가? 주시는 이가 우리에게 약속하셨다. 찾는 이에게 주실 것이라고 말이다. 우리가 우리 안에 있는 은사를 발견하고자 애쓰는 것은 곧 하나님께서 수행하라고 하신 말씀을 따르는 순수한 결과일 뿐이며, 우리를 향해 무언가를 준비해놓고 기다리시는 하나님께 마음의 문을 여는 자연스러운 반응일 뿐이다.

여덟 살의 어린 아이든 팔십 세의 노인이든 상관없다. 가정의 작은 모임에서 은사를 발견했건, 갑작스럽고도 놀랍게 성령의 은사가 내렸건 간에, 중요한 것은 이를 행하시는 이는 오직 하나님이시라는 사실 뿐이다. 하나님은 우리들 중 누군가를 통해 하찮은 존재를 빚으사 예언자로 만들어 쓰시고자 하신다. 결국 하나님은 이를 통해 우리 모두를 그의 친구로 삼기 원하신다. 하나님의 비밀과 하나님의 거룩하신 사랑의 역사에 함께 동참하고 지원하며 온 마음을 내어줄 친구를 원하시는 하나님이시다.

3
하나님이 보여주시는 것들을 보는 방법

하나님께서 그의 비밀을 보여 주실 때에, 그 비밀이 아주 작고 보잘 것 없는 것처럼 보일 지라도 치유의 역사는 시작된다.

이십대 초반의 긴 금발에 슬픈 눈을 가진 여자가 있었다. 그녀는 신경을 잔뜩 곤두세우고 있었다. 우리 중 그녀를 아는 사람은 아무도 없었다. 알고 보니 우리 교회의 새 신자였다. 나는 기도 안수를 받기 위해 예배당 앞으로 나와 있는 사람들 앞에 서서 그녀의 오랜 지병을 고쳐달라는 기도를 하나님께 드렸다. 아무런 응답이 없었다. 다시 기도했다. 그러나 아무런 조짐이 보이지 않았다. 칼(Carl)이 그녀를 가로막고 있는 벽이 무엇인지 내게 귀띔해 주기까지는 아무런 응답도 들을 수가 없었다.

칼 역시 우리 교회에 나온지 얼마 안 된 청년이었다. 그는 나에게서 아픈 사람들을 위해 기도하는 사역을 위해 집중적으로 훈련받고 있었다. 계속해서 열매 없는 기도를 하고 있는 나를 지켜보던 그가 가만히 내 귀에 속삭였다: "혹시 열 여덟 살 때 했던 낙태수술 때문에 하나님이 자신을 고쳐주지 않으실 거라는 생각을 하고 있는지 한 번 물어보세요." 그러나 나는 속으로 '생전 처음 보는 사람한테 그런 질문을 어떻게 한단 말이야!' 라고 중얼거렸다.

그렇게 속으로 투덜거리다가 생각해 보니 칼이라는 청년은 이제 믿은지 겨우 6개월 밖에 되지 않은 새내기지 않은가? 그러나 그의 입에서 나온 말들 치고 여태껏 틀렸던 적이 전혀 없었다는 사실이 계속 나의 머리를 복잡하게 했다.

슬픔에 잠겨 사는 여성에게로 생각이 돌아갔다. 만약 칼이 틀렸는데 내가 그녀에게 칼이 말해준 대로 질문을 해버린다면, 그녀가 받을 상처가 너무 클 것 같았다. 그러나 칼의 말이 맞다면 그녀의 상처를 치유할 수 있지 않은가? 나는 곧 다른 방법이 없음을 깨달았고, 힘겹게 입을 열었다.

> "만약 주제 넘게 나선다거나 엉뚱한 소리를 하는 것 같아도 용서해 주셨으면 좋겠습니다. 혹시, 열 여덟 살 때 했던 낙태수술 때문에 하나님이 자신을 고쳐주지 않으실 거라는 생각을 하고 계시는지요?"

심하게 충격을 받는 그녀의 모습으로 보아 칼의 말이 옳았다는 것을 충분히 짐작할 수 있었다. 그녀의 눈에 눈물이 고이기 시작하더니 곧 심하게 흐느끼기 시작했다. 그때의 아픔이 다시 느끼는 듯 그녀의 어깨는 심하게 떨렸다.

내가 어렸을 때 타인으로부터 받은 상처로 인해 마음속에 계속 남아 있던 쓰라림과 분노는 그녀의 것과 종류가 전혀 다른 아픔이었다. 나는 피해자의 입장이었고 그녀는 가해자의 입장이었던 것이다. 그녀의 마음속에 남아 있는 깊은 상처는 그녀 스스로 낸 상처였다. 그녀는 다시는 되돌릴 수 없으며, 죽을 때까지 잊을 수 없는 사실이라는 것을 누구보다도 잘 알고 있었다. 주위의 사람들은 낙태는 곧 본인의 선택이자 본인의 권리를 행사하는 것이라고 항상 말했다. 그러나 그 선택 뒤에 그녀는 낙태가 사람들이 말하는 것처럼 간단한 선택이나 권리 행사와는 다른 차원의 일이라는 것을 알게 되었다. 아기를 가진 엄마의 마음과 그 아기에 대한 사랑과 집착이 얼마나 강한 것인지, 또 그 사랑을 저버릴 때 마음에 어떠한 상처가 남게 되는지 직접 경험하게 된 것이다.

심한 자책감으로 인해 그녀의 아픔은 불치병을 앓는 사람의 아픔과 다를 바 없었다. 계속 자신을 비난하고 책망했다. 친구들에게는 낙태 사실을 숨겨 왔지만, 친구들과 함께 웃을 때마다 그 비밀은 그녀를 끊임없이 짓눌렀고, 자신이 용서받을 수 없는 죄인이라는 생각이 그녀를 매 순간 정죄했다. 그녀의 삶에서 기쁨은 사라졌고, 다시는 행복할 수 없을 것이라는 절망감에 휩싸였다. 아기를 안고 있는 젊은 엄마들을 볼 때마다 참을 수 없는 죄책감에 몸둘 바를 몰랐다.

이렇게 마음으로만 끙끙 앓고 있으니, 누가 하나님은 그러한 그녀를 용서하시고 자유롭게 하기 원하신다는 사실을 말해줄 수 있었겠는가? 매일 그녀를 마음에 품고 그녀와의 교제와 사랑을 갈구하시는 하나님이 계신다는 사실을 그녀가 알 수만 있었다면! 마음속에 숨겨놓은 비밀은 그녀를 서서히 파멸로 이끌어 가고 있었다. 그렇게 오랫동안 그녀는 자책감으로 가득 찬 삶을 살아야 했다.

하나님은 그러한 그녀를 더 이상 두고 보실 수 없었다. 그리고 마침내 그녀를 자책감에서 해방시키기 위해 이제 겨우 걸음마를 시작한거나 마찬가지인 초보 예언자 칼에게 그녀의 비밀을 보이신 것이다.

"어떻게 아셨지요? 어떻게, 어떻게…?" 그녀는 머리를 푹 숙이고, 눈을 감은 채 계속 흐느끼고 있었다.

"하나님께서 말씀해 주셨지요."

겨우 눈을 뜬 그녀는 얼굴을 들어 우리의 표정을 조심스레 살폈다. 그녀는 우리가 하나님의 대변자이기 때문에 그녀의 비밀을 알 수 있었다는 사실을 곧 파악했다. 비난이 쏟아질 것이라는 예상과는 달리 오히려 그녀의 눈앞에 있는 두 사람은 모든 것을 알고 계시는 하나님이 그녀에게 사랑을 베푸셨다는 사실로 인해 매우 기뻐하고 있었기 때문이다. 이제는 그녀의 차례였다. 그녀는 마음 문을 활짝 열고 하나님의 놀라우신 사랑을 느꼈고 이로 인한 기쁨을 이기지 못했다.

하나님께서 그녀를 기다리고 계셨다는 것, 그리고 항상 그녀를 용서하기 원하셨다는 것, 그녀가 다시 활짝 웃는 모습을 보고 싶어 하신다는 것과 그녀를 위하여 십자가에 못박히신 예수님의 사랑이 이 모든 것을 가능케 했다는 사실을 듣는 순간, 그녀의 마음속에 고여 있던 자책감이라는 썩은 물이 모두 빠져 나갔다.

교회를 나서는 그녀의 발걸음은 희망과 소망으로 가득찼으며, 용서받았고, 사랑받고 있다는 사실로 행복하기만 했을 것이다. 이 모든 치유의 시작은 바로 하나님께서 보이신 아주 작은 비밀 하나에서부터 시작된 것이었다.

계시의 의미

계시는 하나님이 우리가 몰랐던 사실이나 우리의 능력으로는 볼 수 없었던 것들을 알게 하시는 것을 뜻한다.

칼이 낙태에 관한 사실을 어떻게 알 수 있었을까? 마음의 눈이다. 그의 마음의 눈을 통해 긴 가운을 입고 있는 여자가 다른 여자의 어깨에 올라서서 열 여덟 살 때 했던 낙태로 인해 결코 용서받을 수 없을 것이라고 속삭이는 장면을 보았다고 한다. 정말 소름끼치는 말이다. 그리고 이러한 현상을 뒷받침해줄 만한 말씀을 찾을 수 없다는 것 또한 감안하고 있다.

사실 칼이 본 장면을 해석하고 분석하는 것은 내 능력 밖의 일이다. 어깨 위에 올라가 있었다던 축소 모형의 여인은 어떤 의미를 가지고 있는 것일까? 칼이 본 것이 성령의 모습인가? 아니면 사탄이 그녀를 고문하고 있던 모습이란 말인가? 정확한 해석은 불가능하다. 하나님은 모든 것을 알고 계시겠지만, 그녀의 낙태에 관한 것 외에는 우리에게 허락하지 않으셨다. 계시는 무의 상태에 있는 사람에게 결정적인 해결의 열쇠를 쥐어 준다. 그리고 그 열쇠로 인해 전에는 상상해보지도 못했던 종류의 새로운 의문들을 떠올리게 만든다. 하나님을 따르는 사람들, 특히 그분의 계시를 받는 예언자들은 이렇게 의문투성이인 길을 걷는 데 익숙해져야 한다.

이유는 잘 모르겠지만, 하나님은 계시를 주는 대상에 따라 계시의 정확성과 깊이 그리고 뜻의 정도를 달리하신다. 이로 인해 하나님의 계시를 이해하기란 결코 쉬운 일이 아니다. 우리에게 주어지는 계시의 차이점은 정말 이것이 하나님으로부터 온 말씀인지를 의심하게 만들기도 한다. 간단한 예를 들어보자.

성경에서 예언자가 "하나님께서 말씀하시기를…"이라는 말로 서두를 시작하면 주로 자신의 의견과 해석을 더하지 않은 순수한 하나님의 말씀을 그대로 전하고 있다는 뜻이다. 예언자는 오직 하나님의 말씀을 전달하는 것 이외에 자신의 생각은 입에 담아서는 안된다고 확신했다. 혹시 예언자가 "하나님의 손이 나의 머리 위에 있어"라는 말과 함께 서두를 시작했다면 보통 때보다 더 강하게 하나님의 말씀이 임했다는 것을 뜻한다(슥 3:22을 보라). 혹시 그가 "하나님의 강한 손이 나의 머리 위에 있어"라고 했다면 말 그대로 그 말씀이 자신의 영을 뒤흔들 정도로 강했다는 것을 뜻한다(사 8:11을 보라). 그러나 모든 계시가 이와 똑같은 형태로 내리는 것은 아니다.

어떤 사도들은 "하나님께서 말씀하시기를…"이라는 말로 서두를 시작하지 않는다. 대신 그들은 "성령과 우리는 이 요긴한 것들 외에 아무 짐도 너희에게 지우지 아니하는 것이 가한 줄 알았노니"에서처럼 "성령과 우리는…가한 줄 알았노니"라고 말한다(행 15:28). 어떤 때는 하나님이나 성령이란 단어 모두 포함시키지 않기도 한다. 루스드라에서 사도 바울은 앉은뱅이의 믿음을 보고 순간적인 치유 사역을 행하기도 했다(행 14:9-10).

이와 같이 자신의 입에서 나오는 말에 관한 확신의 정도를 확실하게 밝히는 예언자는 매우 지혜롭고 성숙한 사람이다. 하나님께서 직접적으로 하신 말씀인지, 성령의 인도하심으로 한 말인지, 성령님을 거스르지 않는다는 확신 하에서 나온 말인지, 하나님의 종들은 메시지를 전할 때마다 그 정도를 확실하게 밝혀야 한다.

성경의 저자들은 어떤 체험이나 간증을 기록할 때 사용하는 용어들을 이해하기 쉽게 설명해 주지 않는다. 예를 들어, 사도 바울은

"지식의 말씀"과 "계시", 그리고 "예언"의 정확한 뜻과 그 차이에 대해 한 번도 자세하게 설명하지 않는다. "지식의 말씀"이란 구절은 단 한 번 사용되었고, 그 구절이 쓰인 성경의 앞 뒤 문맥을 자세하게 살펴보아도 그 정확한 뜻을 정의하기가 힘들다.

이는 곧 단어 하나 하나에 비중을 두기보다는 하나님께서 예언자에게 어떻게 말씀하셨는가를 보고 하나님의 음성을 어떻게 들어야 하는지를 배우는 데에 더 큰 비중을 둘 때 더 많은 것을 얻을 수 있다는 진리를 의미한다. 그렇다면, 하나님은 어떻게 예언자들에게 말씀하셨을까?

하나님이 보이시는 비밀의 목적

하나님이 그의 자녀들에게 말씀하시는 방법에는 여러 가지가 있겠지만 첫번째 주요 수단은 바로 하나님의 말씀을 기록한 성경이다. 성경은 오늘날 예언자를 통해 전달되는 계시에 비교할 수 없을 만큼 더 높은 권위를 가지고 있다. 성경 말씀은 시간과 공간을 초월하여 모든 사람에게 그 능력을 드러내기 때문이다(성경의 유일무이한 권위에 대해서는 『놀라운 하나님의 음성』에서 자세하게 설명한 바 있으므로 생략함). 예언자 역시 교사나 평신도들과 다름없이 성경을 공부하고 묵상해야 할 의무를 가지고 있다. 단, 차이점이 있다면 예언자는 성경 말씀과 아울러 매일 직면하는 일상 생활을 통해 정기적으로 하나님의 음성을 듣는다는 것이다.

세상에 오신 하나님, 예수

출애굽기 33:20을 보면 하나님을 보고서는 살 자가 없다고 나와 있다. 그러나 성경에 보면 하나님은 그를 사랑하는 자들에게 그 모습을 드러내셨고, 어떤 때에는 그의 적들에게도 모습을 보이기도 하셨다(창 20:3). 꿈이나 비전으로 그 형상을 드러내시기도 했으며 어떤 때에는 하나의 형체로 다가오셨다(창 18:1). 어떤 때에는 그의 사자를 보내셨고(출 3:2), 영광에 둘러싸인 모습으로 찾아오시기도 했다(출 16:10; 33:18-34:8). 환난이 닥쳤을 때 구원하시기 위해 나타나셨고, 그의 백성들이 역사적인 전환점을 맞이했을 때에도 그 모습을 드러내셨으며, 그의 백성들이 불순종할 때에 경고나 심판을 위해 오셨고, 어떤 때에는 단지 하나님의 계획과 축복의 약속을 나누려고 나타나시기도 했다. 만약 아무도 하나님을 볼 자가 없다면, 성경에 나오는 이들이 본 분은 하나님이 아니고 누구였겠는가? 요한복음 1:14-18을 보면, 그들이 본 것은 하나님의 아들이었을 것이다.

정말 충격적인 사실이 있다면, 이러한 하나님의 출현은 필수적이지 않았다는 점이다. 단지 우리에게 말씀을 전달하고자 하는 것이 아버지의 목적이셨다면, 예수님 대신 천사들을 보내셨을 수도 있지 않겠는가? 그러나 하나님은 우리에게 최선의 선택, 곧 예수 그리스도를 보내고자 하셨다. 예수님 자신 또한 보내심을 원하고 계셨다.

사람이 사랑에 빠지면 사랑하는 사람과 항상 함께 있고 싶은 마음뿐이다. 중간에서 사람을 통하여 편지를 전달하는 것만으로는 부족하다. 누구보다도 자신이 직접 가서 그 사람을 보고 싶을 뿐이다. 그 사람을 행복하게 해주고 싶고, 그 사람의 눈이 반짝거릴 정도로 기쁘게 하고 싶다. 그렇다면 하나님의 마음은 어떻겠는가? 우리를 향한 하나님의 뜨거운 사랑을 이해할 수 있겠는가? 하나님이 우리에게 보이시는 비밀의 원동력은 그 무엇과도 비교할 수 없는 우리를 향한 하나님의 눈부시고 거룩한 사랑이다.

천사의 존재

히브리서 1장과 14장은 "모든 천사들은 부리는 영으로서 구원 얻을 후사들을 위하여 섬기라고 보내심이 아니냐"고 설명하고 있다. 천사들은 우리를 위해 많은 일을 한다. 우리가 험한 불길 사이를 걸을 때에 우리를 보호하며, 적의 손에서 우리를 구하며, 하늘의 소식을 우리에게 전한다. 언젠가 우리가 죽게 되면, 천사는 하늘 나라로 우리를 호위하여 갈 것이다(눅 16:22). 천사들은 영광 중에 나타나거나 손님의 모습으로 가장하여 우리 앞에 나타나기도 한다(히 13:2). 또한 전혀 모습을 드러내지 않은 채 우리를 돕기도 한다. 예언자들은 우리가 보지 못하는 천사들의 모습을 보기도 한다고 한다(왕하 6:15-17).

얼마 전에 오랫동안 알고 지내온 한 신실한 예언자 한 사람이 흥미있는 이야기를 들려 주었다. 그리고 나는 그녀의 말을 전적으로 믿는다. 어느 날 오후, 그녀는 너무 아파서 침대에 누워 있었다고 한다. 영적으로 계속 뒷걸음질치고 있는 자신의 영적인 침체로 인해 너무 지쳐 있었다. 그녀는 자신의 상태를 바꾸어 달라고 하나님께 외쳐 기도하기도 했다고 한다. 그 날 오후, 그녀는 눈을 감고 있었는데, 침실의 문이 열리는 소리가 나지는 않았지만 누군가가 방금 방 안으로 들어왔다는 사실을 직감적으로 알 수 있었다. 그 존재가 침대 곁으로 다가오는 것 같았지만, 그녀는 눈을 뜨기가 두려웠다. 그 존재가 공중에서 자신의 주위를 돌고 있는 것을 느꼈다. 그리고 얼마 후, 그녀는 자신의 얼굴을 감싸는 세상에서 가장 부드럽고 따스한 손길을 느꼈다. 그 손이 그녀의 뺨과 눈을 감쌌고 그 다음 그녀의 이마를 감쌌다. 그 부드러운 손길은 계속해서 같은 손놀림을 세 번 반복했다. 그녀는 살며시 눈을 떴다.

그녀의 앞에 서있는 나이가 지긋해 보이는 여인은 150센티미터 정도의 작은 키에 감청색 드레스를 입고 머리에는 감청색 두건을 하고 있었다.

"고마워요."

그 여인은 "만약 당신의 모습을 변화시키고 싶다면 지금이 바로 그 때입니다"라고 했다. 그 여인은 침대 옆에 있는 창가로 몸을 돌려 창밖을 지긋이 바라보며 말을 이었다.

그 여인은 "이제 가야 합니다"라며 붕 떠올라 벽을 통과해 사라져 버렸다!

이것은 눈 앞에 환상이 보이는 것과는 다른 종류의 일이다. 이것은 환상이 아니라 눈으로 직접 목격한, 즉 실제로 일어난 천사의 방문이었던 것이다. 단 1분 남짓한 이 만남 후에 그녀는 즉각적으로 영적·육적으로 고양되는 것을 느낄 수 있었다. 그 다음날 아침 그녀는 침대를 박차고 일어났고 에너지가 흘러 넘치는 것을 느낄 수 있었다. 일주일 동안 그녀를 괴롭히던 두통, 편도염, 그리고 그녀를 사로잡고 있던 피로가 씻은 듯이 사라져 버렸다. 너무나 행복했다. 하나님이 자신을 얼마나 특별하게 사랑하시는지 가슴 깊이 느낄 수 있었다. 고통에 잠겨있는 그녀의 영혼을 안아주시기 위해 천사를 보내주신 하나님, 그녀는 이러한 하나님의 손길을 느끼고 앞으로 더 나아질 수 있는 자신의 모습에 대한 확신과 자신감에 가득 찼다.

노숙한 여인의 모습으로 나타난 천사의 메시지는 변화받고자 분투하는 사람이라면 누구에게나 적용되는 메시지이다. 지금이 바로 변화받을 때이다. 우리 모두 거룩한 성령의 넘치는 은혜받을 준비를 하자. 성경에 보면, 하나님의 사람들이 역사적인 전환점을 맞이하기 바로 직전에 천사의 방문이 잦아지는 것을 볼 수 있다. 그리고 혹시 인생의 전환점이 바로 당신의 코 앞에 닥쳐 있을지도 모른다. 당신도 천사의 방문이나 하나님의 음성을 통해 변화를 받을지도 모르는 일 아닌가!

하나님의 음성

하나님은 사람이 들을 수 있는 음성으로 개인에게, 또는 군중에게, 심지어는 한 나라 전체에게도 말씀하셨던 분이다. 모세가 정기적으로 하나님의 음성을 들었다는 사실은 모두 알고 있지만, 민수기에 보면 하나님께서 직접적인 음성으로 말씀하시는 것은 좀처럼 드문 일이다(민 12:6-8). 성경에 의하면 하나님의 직접적인 음성은 큰 환난 때에나(창 22:11-12), 시내 산에서 모세에게 십계명을 내리실 때, 예수님이 세례를 받으셨을 때, 그리고 베드로와 야고보와 그의 형제 요한과 함께 높은 산에 오르사 저희 앞에서 변화되셨던 때, 십자가에 못 박혀 죽으시기 일주일 전, 그리고 사도 바울의 변화와 같이 중요한 역사적 전환점이 있을 때 들렸다고 기록한다.

누구나 하나님의 음성이 직접적으로 자신의 삶을 이끌어 주기를 바랄 것이다. 그러나 이 세상에 공짜는 없다고 하지 않는가? 우리는 대가를 치뤄야 한다. 이에는 전반적인 규칙이 있다. 하나님께서 알려주시는 계시의 정도가 뚜렷하고 명확할수록 그 말씀에 순종하기가 힘들다는 사실이다(『놀라운 하나님의 음성』 참조). 계시의 명확성과 그 능력은 우리의 의구심을 말소한다. 너무나 명확한 하나님의 음성을 어떻게 거역할 수 있겠는가?

하나님은 오늘날에도 우리에게 그의 음성을 들려주신다. 성경책이 완성되는 순간부터 하나님의 직접적인 음성은 존재하지 않으리라고 기록하는 성경구절을 본 적이 있는가? 교회의 신뢰를 받는 믿음직한 하나님의 종들, 너무나 순수한 열정을 가진 이들이 하나님의 음성을 들었다는 간증은 오늘날에도 많이 존재하고 있다.

하나님이 중요한 임무를 맡은 교회의 지도자들에게만 말씀하시는 분은 아니라는 사실도 언급해야겠다. 나 역시 직접적인 하나님의 음성을 들은 적은 없지만, 내가 아는 사람들 중에는 교회의 지도자가 아닌 평범한 교인이면서도 하나님의 음성을 들은 이들이 많다.

나의 귀에만 들리는 음성

하나님의 음성이 당신의 귀에 들릴 때, 당신의 옆에 누군가가 있다고 해도 그의 귀에는 들리지 않는다. 사무엘은 자신을 부르는 음성이 너무 커서 분명 옆 방에서 엘리 제사장이 자신을 부르는 커다란 목소리라고 생각할 정도였다. 그는 이부자리를 젖히고 일어나 엘리에게로 달려갔으나, 엘리 제사장은 사무엘을 부른 적이 없다는 것이다. 결국 엘리 제사장이 하나님께서 자신이 아닌 사무엘을 부르는 음성이라는 사실을 깨달을 때까지 사무엘은 두 번이나 엘리 제사장에게 달려간다. 두번째 엘리 제사장을 찾은 사무엘에게 엘리 제사장은 "가서 누웠다가 그가 너를 부르시거든 네가 말하기를 여호와여 말씀하옵소서 주의 종이 듣겠나이다 하라"고 한다. 사무엘은 엘리 제사장이 일러준 대로 했고, 그로 인해 하나님의 계시를 들을 수 있었다(삼상 3:1-14).

마음속에서 고요히 들리는 음성

앞에서 이야기한 음성과 여기서 이야기할 마음속에서 들리는 하나님의 음성은 모두 매우 명확하고 또렷하게 들린다는 점에서 차이점이 없다. 성경에서 "하나님의 말씀이 내게 임하여 말하기를…"이라는 구절은 아마도 마음속에서 고요히 들리는 하나님의 음성을 의미하는 것일 것이다. 에스겔이 이스라엘의 장로들 앞에 섰을 때에 "하나님의 말씀이 그에게 임하여." 그들에게 전할 메시지를 알게 했다. 에스겔 14장을 읽어 보면 커다란 음성이 들렸다는 말은 없다.

나 역시 이러한 경험을 자주 한다. 하나님이 내게 말씀하시는 지극히 평범한 방법 중 하나인 것같다. 그분의 음성은 내 인생에 있어서 너무나 중요한 일들을 놓치지 않게 항상 날 붙들어 주신다.

이해할 수 없는 말씀

마헬살랄하스바스. 이 말 한 마디를 들은 당신은 이것이 무슨 뜻인지, 매우 난해하다는 생각을 할 것이다. 그러나 하나님의 음성을 통해 이 말을 직접 들었던 이사야 선지자도 우리와 마찬가지로 당장은 무슨 뜻인지 이해할 수가 없었다. 단지 "여호와께서 내게 이르시되 너는 큰 서판을 취하여 그 위에 통용문자로 마헬살랄하스바스라 쓰라"(사 8:1)고 말씀하시니 그대로 순종했을 뿐이었다. 이 괴상하게 들리는 구절은 히브리어로서 여러 단어가 전혀 문법이 맞지 않게 한 데 어우러져 한 문장을 이루고 있지만, 하나님의 뜻을 담고 있다는 점에서 중요하다. 하나님은 이렇게 이해할 수 없는 단 한 마디로 그분의 큰 뜻을 밝히시기도 한다. 그러나 그 음성은 뚜렷하고 명료할지 모르나 정작 그 말씀이 담고 있는 뜻을 이해하기가 참 힘들다. 하나님은 왜 또렷한 음성으로 계시를 전해 주신 다음 정작 그 계시가 의미하는 뜻은 설명해 주시지 않는 것일까?

그 이유는 바로 하나님의 영광을 드러내기 위해서이다. 그리고 우리의 영광은 곧 그분이 나타내고자 하는 뜻이 무엇인가를 깨닫기 위해 정진하는 것이기 때문이다(잠 25:2).

우리가 알아야 할 대부분의 가장 심오하고 아름다운 진리들은 겉으로 보기에는 매우 단순하고 명확하다. 그러나 아쉽게도 표면적인 깃까시가 우리 눈의 한계이다. 그렇다고 "우리가 이해할 수 없으니까"라는 마음으로 진리를 갈망하는 마음이 약해진다면, 우리는 영원히 깊고 깊으신 하나님의 진리를 맛볼 수 없을 것이다.

아주 간단한 진리로 예를 들어보자. 하나님은 우리를 사랑하신다. 우리는 모두 이 사실을 믿는 사람들이다. 그러나 처음 믿었을 때 느꼈던 첫 사랑의 감격은 얼마 되지 않아 사라지고 만다. 하나님의 깊고 깊은 사랑에 대한 진리를 겉으로만 맛보고 그 자리에서 멈춰 버리는 것이다! 그 큰 하나님의 사랑에 완전히 푹 빠져보지 못하는 것은 슬픈 일이다. 우리 모두 "하나님이 왜 우리를 사랑하시는가?"라는 의문을 품고 계속해서 그분의 깊은 사랑에 푹 빠져보자. 그 사랑이 이해가 될 때까지 계속해서 그 답을 구하자. 그렇다면 첫 사랑에서 멈추지 않고 그보다 더 놀라운 감격을 맛보게 될 것이다.

이 질문에 대한 답을 찾기 위해서 우리는 하나님에 대해 자꾸 생각하게 될 것이다. 그러나 하나님에 대해 보다 명확하고 옳은 답을 얻기 위해서는 그 자리에 그분의 영이 함께 하셔야 한다. 그분과 함께 있는 그 시간, 당신은 그분의 아름다우심, 놀라우심과 거룩하심을 볼 수 있게 된다; 그럼에도 불구하고 그분을 만날수록 당신은 당신을 향한 그분의 사랑에 대해 점점 갈급해한다. 왜 나같은 사람을 사랑하시는가? 이해할 수 없는 그분의 사랑이 더 궁금해질 때마다 그분의 거룩하신 사랑에 대한 감격은 더욱 커져 갈 것이다. 그분의 사랑을 맛볼수록, 그분을 향한 우리의 사랑도 커져 간다. 하나님을 사랑하면 사랑할수록 하나님께서 우리를 통해 받으시는 영광도 커져 간다. 하나님을 사랑함으로서 그분께 영광을 돌리는 당신은 점점 더 하나님의 형상을 닮아갈 것이며, 그러한 당신의 모습에서 하나님은 영광을 받으신다.

하나님이 우리에게 주시는 계시는 그분의 끝없는 사랑으로 우리를 이끄시려고 당신의 부분적인 면을 보여주시는 한 방편일 뿐 그 이상도 이하도 아니다. 선뜻 이해가 가지 않을 말씀을 하시는 하나님의 의도가 무엇일까? 바로 하나님과 우리 사이에 다시 한 번 로맨틱하고 신비스러운 관계가 회복되어 하나님께 영광을 돌리는 삶을 살게 하시고자 하는 하나님의 마음 때문이다.

우리를 자유롭게 하시는 예수님

하나님의 계시가 그분의 음성을 통해서, 성경 말씀을 통해서 오기도 하지만 항상 그런 것은 아니다. 그냥 아는 것일 수도 있다. 어떻게 내가 이걸 알았을까 하고 의아해 알 수도 있다. 그렇지만 그냥 아는 것이다. 예수님이 수가성의 여인을 우물 옆에서 만나셨을 때, 그분은 그 여인에게 다섯 명의 남편이 있었고 지금은 결혼도 하지 않은 채 동거하고 있다는 사실을 아셨다(요 4:18). 또 다른 경우의 사건들을 성경에서 살펴 보아도 예수님이 어떤 사람의 계획과 생각들을 그냥 알고 계셨다는 사실이 많다(마 22:18; 막 2:8; 요 6:15).

예배가 끝난 후에는 항상 목회팀과 함께 강단 앞에 서서 안수기도를 받으러 올 사람들을 위해 기다린다. 그렇게 서 있을 때면 기도 부탁을 하러 오는 사람들의 마음을 읽을 수 있다. 예를 들어, 한 번은 목사님이 오랜 병으로 힘들어하는 사람들을 안수기도로 초대하셨다. 생전 본 적 없는 한 여인이 내게 걸어 왔다. 아는 사람은 아니었지만 그녀가 술을 마시지 않음에도 불구하고 자기가 알코올 중독으로 죽을거라는 확신을 갖고 있다는 사실을 알았다. 만성적인 아픔이나 문제가 아닌 만성적인 두려움 때문에 안수기도를 받으러 나온 것이다. 하나님이 자신을 알코올 중독자로 만들 것이라는 이상한 생각으로 두려워하고 있었다. 이렇게 사탄은 하나님의 의도와는 전혀 상관없는 생각을 우리 안에 심고 그로 인해 우리가 두려움에 떨게 하도록 안간힘을 쓴다. 그 날, 그 여인을 가두고 있던 두려움이라는 감옥문이 활짝 열렸고, 그녀는 하나님 안에서 자유를 얻었다.

이러한 경험은 나 뿐만 아니라, 아주 많은 사람들에게도 지극히 정상적으로 일어나는 일이다. 예수님은 우리의 마음을 잘 아시는 분이시며 우리를 괴롭히는 사탄의 권세와 우리가 만들어내는 자기기만에서 우리를 자유롭게 하시려 우리 마음 속의 비밀을 그의 일꾼들에게 드러내시는 분이시다.

마음의 감동과 느낌

감동은 마음속으로 아는 것과는 다른 형태의 것이다. 감동은 그리 정확한 것이 아니다. 그것은 단지 이것이 옳은 것 같다는 느낌을 갖는 것일 뿐이다. 하나님은 이렇게 하찮은 느낌이나 감동도 우리를 인도하는 도구로 사용하신다. 느헤미야는 "내 하나님이 내 마음을 감동하사 귀인들과 민장과 백성을 모아 그 보계대로 계수하게 하신고로 내가 처음으로 돌아온 자의 보계를 얻었는데 거기 기록한 것을 보면"(느 7:5)이라고 했다. 성경의 관점으로 볼 때, 마음은 감정과 감동의 생산 중심지이다. 느헤미야는 그 마음의 느낌을 찾은 것이지 하나님의 음성을 듣거나 계시를 받았던 것은 아니었다. 그는 단지 마음속의 감동이 하나님께로부터 왔다는 것을 확신했다.

바울이 루스드라에서 설교를 할 때에 그는 관중속에 있는 절름발이를 보고 그에게 구원받을 만한 믿음이 있다는 것을 알 수 있었다: "바울의 말하는 것을 듣거늘 바울이 주목하여 구원받을 만한 믿음이 그에게 있는 것을 보고"(행 14:9). 사실 믿음이란 것은 눈으로 가늠할 수 있는 것이 아니다. 그러나 사도 바울은 그의 감식력과, 직관력, 감동 또는 느낌을 통해 절름발이의 믿음이 진실이란 것을 알 수 있었다. 그리고 그 마음속의 감동과 느낌을 행동에 옮겼을 때 비로소 절름발이가 구원을 얻고 고침을 받았다.

꿈, 환상, 무아지경

보통 잠을 자는 상태에서 사람의 이성적인 방어력은 낮아지는 반면 수용력은 높아진다. 그렇기 때문에 하나님은 우리가 자고 있을 때, 꿈을 사용하여 말씀하시기도 한다. 환상은 꿈과 비슷하지만 사람이 깨어 있을 때에 일어난다는 점에서 차이가 있다. 어떤 경우에 성경은 꿈과 환상, 두 단어의 뜻에 차이를 두지 않고 사용하기도 한다(단 7:1-2). 사람이 육체적인 감각이 없는 무아지경에서 환상을 볼 때 성경은 비몽사몽간에 본다고 기록한다(행 10:10; 22:17). 구약은 '비몽사몽간에'라는 말을 직접적으로 쓰고 있지는 않지만, 발람, 사울, 그리고 다니엘의 경험을 기록해 놓은 구절을 보면 그들이 비몽사몽간에 환상을 보는 경험을 했다는 사실을 알 수 있다(민 24:4; 삼상 19:23-24; 단 10:9). 성경의 기록에 의하면, 비몽사몽간에 환상을 보는 사건은 꿈과 환상에 비해 그리 흔히 일어나는 사건이 아니다.

> "사람은 무관히 여겨도 하나님은 한 번 말씀하시고 다시 말씀하시되 사람이 침상에서 졸며 깊이 잠들 때에나 꿈에나 밤의 이상 중에 사람의 귀를 여시고 인치듯 교훈하시나니 이는 사람으로 그 꾀를 버리게 하려 하심이며 사람에게 교만을 막으려 하심이라 그는 사람의 혼으로 구덩이에 빠지지 않게 하시며 그 생명으로 칼에 멸망치 않게 하시느니라."(욥 33:14-18)

이 말씀은 꿈과 환상의 사건들이 계속해서 일어났던 신약시대에도 계속 적용되었던 귀한 말씀이다. 예를 들어 요한계시록은 사도 요한이 길고 긴 시간 동안의 환상을 통해 계시를 보고 기록한 말씀이다.

하나님은 평범한 크리스천들에게 많은 꿈과 환상을 보이신다. 그러나 그의 예언자와 선지자들에게는 더 많은 꿈과 환상을 보이신다(민 12:6). 성경은 우리에게 하나님이 보이시는 환상과 꿈들이 더욱 늘어나기를 기대하라고 적극적으로 권하고 있다:

"하나님이 가라사대 말세에 내가 내 영으로 모든 육체에게 부어 주리니 너희의 자녀들은 예언할 것이요 너희의 젊은이들은 환상을 보고 너희의 늙은이들은 꿈을 꾸리라 그 때에 내가 내 영으로 내 남종과 여종들에게 부어 주리니 저희가 예언할 것이요."(행 2:17-18)

성경에 의하면, 꿈과 환상은 정상적인 교회의 일부분이어야 한다는 것이다.

꿈과 환상을 통한 계시가 항상 이해하기 힘들고 복잡한 것은 아니다. 어떤 때는 아주 간단하고 쉽게 이해할 수 있다. 그러나 상징적인 요소가 가득 차있는 경우라면 매우 복잡하고 이해하기 힘들다. 하나님은 환상을 통하여 예언자들에게 갈 길을 알리시기도 한다(사 6:1). 요한은 하늘에 올라 마지막 날의 전경을 경험하기도 했다(계시록 전체).

이러한 경험들은 너무 생생해서 이를 경험하는 사람이 꿈인지 생시인지를 분간할 수 없을 정도였다. "그가 몸 안에 있었는지 몸 밖에 있었는지 나는 모르거니와 하나님은 아시느니라"(고후 12:3). 사도 바울은 너무나 생생한 체험에 그것이 육체적인 체험인지 영적인 체험인지를 분간할 수 없었다. 에스겔의 경우를 통해 비춰보자: "그가 손 같은 것을 펴서 내 머리털 한 모숨을 잡으며 주의 신이 나를 들어 천지 사이로 올리시고 하나님의 이상 가운데 나를 이끌어 예루살렘으로 가서 안 뜰로 들어가는 북향한 문에 이르시니 거기는 투기의 우상 곧 투기를 격발케 하는 우상의 자리가 있는 곳이라"(겔 8:3). 그는 "주의 신에게 들린 바 되어" 사람들 마음속에 숨겨진 죄악을 낱낱이 볼 수 있는 곳으로 들림을 받았다. 오늘날에도 이러한 경험을 하는 사람들을 곁에서 많이 본다. 그 중에 몇몇은 정기적으로 이러한 것을 경험하기도 한다.

 하나님께서 환상으로 그의 선지자와 사람들에게 말씀하시는 이유는 무엇인가? 그냥 편안하게 의자에 앉게 하시고 따뜻한 커피를 마시는 중에 우리의 정신(인간의 사고·감정·의지의 작용을 관장하는 기관)속에 말씀을 주실 수도 있는 것 아닌가?

 그 이유는 다음과 같다. 우리에게는 마음, 그 이상의 것이 있기 때문이다. 우리에게는 영이 있고 육체가 있다. 우리 안에 있는 감정이라는 것은 우리의 모든 행동 양식을 만들어 낸다. 어떤 경우에는 단 한 점의 그림이 천 번의 설명만큼이나 많은 것을 이야기할 수 있다. 환상이 눈앞에 펼쳐질 때에 우리의 영은 매우 놀랄 것이다. 자신의 결점을 깨닫지 못하고 극심한 자기만족에 빠져 있는 사람의 우둔함을 뒤흔들어 놓을 것이다. 미래에 관한 환상을 생생하게 직접 본 사람은 아무리 어렵고 힘든 일이 오랫동안 지속된다고 해도 기쁨과 희망을 잃지 않을 것이다.

 우리가 살고 있는 이 세상은 알 수 없는 신비로 가득하며, 우리와는 굉장히 다른 영적인 존재들이 공존하고 있다. 우리는 하나님의 형상을 따라 만들어졌기에 그분과 비슷한 점들이 많은 것도 사실이다. 그러나 하나님과 우리 사이에는 다른 점 또한 수없이 많다. "여호와의 말씀에 내 생각은 너희 생각과 다르며 내 길은 너희 길과 달라서 하늘이 땅보다 높음같이 내 길은 너희 길보다 높으며 내 생각은 너희 생각보다 높으니라"(사 55:8-9). 사람이 이해할 수 있는 단계를 초월한 일들과 진리가 있는 법이다. 하나님의 신비한 방문과 환상들은 이러한 단계로 우리를 이끄신다.

자연을 통해 말씀하시는 하나님

하나님은 자신의 창조물들을 통하여 적어도 세 가지 방법으로 우리에게 말씀하신다. 첫째, 하나님의 창조물들을 자세히 보라. 그 형상과 아름다움은 하나님의 크신 권능을 어김없이 드러내고 있다(롬 1:19-20). 둘째, 이러한 자연의 세계는 영적인 세계와 매우 유사하다. 그러므로 하나님이 지으신 자연을 통해 우리는 하나님의 영적 원리를 볼 수 있다. 예를 들어, 게으른 자가 보잘 것 없는 개미를 보고 큰 깨달음을 얻을 수 있는 것처럼 말이다(잠 6:6-11). 셋째, 하나님은 자연현상을 통해 계획과 뜻을 표현하시기도 한다. 예를 들어, 하나님은 메뚜기떼를 사용하여 요엘 선지자에게 이스라엘을 향한 그분의 뜻을 나타내셨다(욜 2:25-27). 엘리야 선지자에게 나타나신 하나님은 불, 바람, 그리고 지진을 통해 자신의 뜻을 밝히셨다(왕상 19:11-12). 예수님은 하늘의 진리를 말씀하시기 위해 일상생활의 평범한 것들을 들어 말씀하셨다. 만약 우리의 눈과 귀, 그리고 가슴이 감당할 수 있는 훈련이 되어 있다면, 하나님은 그분께서 지으신 자연을 통해 우리에게 말씀하실 것이다.

마지막 수단은 양털이다?

양털을 통해 말씀하시는 하나님을 상상해 본 적 있는가(삿 6:36-40)? 막다른 골목에 달했을 때, 양털을 이용해 하나님의 뜻을 알아보는 것이 어떨까? 개인적인 견해로는 적절한 행동이라고 생각한다. 기도하고 오래 기다렸음에도 불구하고 완전한 확신이 오지 않을 때라면 말이다.

그러나 이런 행위로 하나님의 뜻을 증명할 때에 항상 명심해야 할 세 가지 사항이 있다. 첫째, 하나님 외에 아무도 당신의 양털을 건드릴 수 없도록 미리 조심하라. 오직 하나님께서 그 역사하실 수 있는 환경을 만들어야 하지 않을까? 둘째, 양털이 하나님의 뜻을 알아 볼 수 있는 첫째 방법으로 쓰이지 않게 조심하라. 분명 양털을 사용하는 것은 마지막 수단이어야 할 것이다. 양털을 아무 때나 사용하는 것은 크신 권능과 주권을 가지신 하나님을 단지 요술램프의 지니와 같은 수준으로 격하시키는 일밖에 되지 않기 때문이다. 그렇다면 하나님과 나 사이에는 친밀감이 상실되어 버린다. 셋째, 양털을 통해 하나님의 뜻을 알아내는 방법은 하나님과의 상호작용이 매우 결핍된 계시를 받는 것이라는 사실이다. 양털을 사용하는 것 자체가 "하나님이 제게 전혀 말씀하지 않으시네요", "제 마음이 어두워 하나님의 말씀을 들을 수가 없어요" 또는 "하나님이 말씀은 하신 것 가지고 행동으로 옮기기가 좀 그러네요"라고 고백하는 것이나 다름없기 때문이다.

신체적 징후를 통한 예언

병을 앓고 있는 여인이 예수님의 옷자락을 만졌으나 예수님은 알지 못하셨다. 대신 자신의 몸에서 고치는 능력이 그 여인에게로 빠져 나갔음을 느끼셨을 뿐이다. 주님은 그 여인을 찾으셨다. 그녀를 고친 것은 주님을 믿는 그녀의 믿음이었지 자신이 입고 계신 옷 자체가 아니었다는 것을 말씀해 주시기 위해서였다(눅 8:45-46).

오늘날에 하나님이 그분의 뜻을 말씀하시기 위해 예언자들의 신체를 사용하시는 일은 매우 드물다. 내가 아는 한 예언자는 자신의 근처에 에이즈 환자가 있을 때면 온 몸이 부들부들 떨릴 만큼의 오한이 온다고 한다. 나 역시 여러 사람의 그룹 안에서 말씀을 전할 때, 내 안에 내 것이 아닌 듯한 아픔을 느끼곤 한다. 이를 통해 하나님이 고치시고자 하는 영혼들을 발견하게 된다. 기도받기를 원하는 병자들에게 안수기도를 하면, 곧 내 안에 있던 아픔이 사라지는 것을 느낄 수 있다.

신체적 징후를 통한 예언은 교회 안에서 항상 대대적인 논쟁의 대상이었다. 왜냐하면 악용되고 위조되기 쉬운 문제이기 때문이다. 이러한 능력을 가진 이들은 다른 사람들보다 더 믿음이 깊고 뛰어난 신앙인이라는 착각에 빠지기 쉽다. 또한 이를 생전 경험해 보지 못한 이들 입장에선 이러한 능력을 가진 이들을 매우 불안정한 존재로 생각하게 된다. 그러나 이러한 부작용 때문에 하나님께서 주시는 사인을 무시하는 것은 옳은 일이 아니다. 무엇이든지 명품에는 모조품이 있는 법이다.

우리에게는 마음과 정신적인 것만 있는 것이 아니다. 우리의 신체 역시 우리에게 매일 많은 것들을 이야기해준다. 언제 쉬어야 하고, 언제 먹어야 하며, 언제 의사를 봐야 하는지 등 수도 없이 많지 않은가? 사랑, 증오, 냉담함 등 여러 가지를 표현하는 주요한 수단은 곧 우리의 몸이 아닌가? 그렇다면 하나님께서 우리의 신체를 통해 그분의 뜻을 말씀하신다는 사실에 거부감을 느끼는 이유는 무엇인가?

만약 자신의 몸을 통해 하나님의 사인이 나타나고 있다고 느낀다면, 그분이 무엇을 말씀하시는지 열심히 살피라. 자연스러운 일이다. 호들갑은 떨지 말길 바란다.

다섯 가지 영적 감각

성경을 믿는 사람들이라면 누구나 성경 속에 나오는 선지자들이 비밀한 것을 보고 들은 것에 대해 거부감을 느끼지 않는다. 환상은 우리의 눈으로 볼 수 없는 것이며 하나님의 음성은 우리의 귀로는 들을 수 없는 것이다. 그러나 미각, 후각, 촉각은 어떠한가? 영적인 것을 느낄 수 있는 수단이 될 수 있는가? 비록 성경에는 단 몇 줄을 제외하고는 하나님이 이러한 감각들을 이용하여 말씀하신다는 것에 대한 증거들은 그리 많지 않다.

첫째, 시각과 청각을 통해 말씀하시는 하나님이시라면 미각, 후각과 촉각 또한 사용하실 수 있다는 유사성에 대해 기대를 가져보자. 시각과 청각을 사용하시는 하나님이 다른 감각들을 사용하시지 않아야 할 타당한 이유가 없지 않은가?

둘째, 초보 예언자나 원숙한 예언자 모두 미각, 후각, 그리고 촉각을 통해 메시지를 받는 경험은 오늘날에도 많다는 것이다. 내가 알고 있는 어떤 부인은 근친상간의 피해자에게서(역자주: 미국에서는 아버지가 딸을 강간하는 일이 매우 심각한 사회 문제 중 하나로 자리잡고 있다) "냄새"를 맡는다. 이렇게 힘든 상처를 가지고 살아가는 피해자가 그녀의 옆을 스칠 때면 유황 냄새가 난다고 한다. 그런 냄새를 맡을 때면 그녀는 그 상처받은 영혼을 위해 시간을 정해 놓고 열심히 기도를 한다고 한다.

셋째, 사탄에 경우를 보면 그 또한 이 다섯 가지 감각 모두를 사용한다는 것이다. 여러 번 경험한 일이지만, 귀신들린 사람을 놓고 집중적으로 기도할 때에 사탄의 존재가 나를 감싸고 있었고 나를 누르는 것을 느낄 수 있었으며, 특유한 냄새나 심지어 어떤 맛까지도 느낄 수 있었다. 사탄은 창조자가 아니다. 그는 하나님이 창조하신 많은 것들과, 그의 역사와 방법들을 모조하는 위작의 왕이다. 모조품이나 위조품이 있다는 것은 곧 보고 배낄 정품이 있다는 이야기 아닌가? 후에 사탄이 조작하여 보여주는 계시는 어떠하면 어떻게 그것이 사탄에게서 온 것인지 알고 방어할 수 있는지에 대해 상세하게 이야기할 것이다.

경고의 말씀

예언의 은사는 성경 안에서도 가장 영적이고 신비로운 경험들 중 하나로 손꼽힌다. 그리고 오늘날에도 그 사실에는 변함이 없다. 그러나 이러한 영적이고 신비로운 목회를 하는 사람들이 가장 범하기 쉬운 두 가지 오류가 있다.

첫째, 하나님께서 천사를 보내시거나, 하나님의 음성을 들었을 때, 또는 하늘의 비밀을 눈앞에 펼쳐보이시는 것을 경험하기만 한다면 이러한 하나님의 계시에 자신이 무조건 순종할 수 있는 믿음을 항상 발휘할 수 있으리라 믿거나 자신의 모든 문제들이 눈 녹듯이 사라지리라는 헛된 바램이다. 그러나 하나님의 계시는 이러한 몽상과는 사뭇 다른 목적을 가지고 있다.

이스라엘 백성들은 하나님께서 그들을 노예로 사로잡고 있는 이들에게 열 가지 재앙을 보내시는 것을 모두 목격한 사람들이다. 그들은 하나님이 가르신 홍해를 건넜고, 불같은 영광에 휩싸여 산으로 임하시는 장면을 보았으며, 그분의 음성을 들은 사람들이다. 그러나 그들은 금으로 만든 송아지에게 경배하고, 성난교 파티를 벌여 하나님을 저버리기도 했다.

　성경에는 하나님의 놀라우신 권능을 경험하고도 후에는 큰 낙오를 하게 되는 대선지자들도 많이 나오지 않는가? 모세는 홍해를 가르고 하나님과 얼굴과 얼굴을 맞대고 대화를 나눴던 사람이었지만, 말년에 하나님께 불순종함으로 약속된 땅에 들어가지 못하고 사막을 떠돌다가 죽게 된다. 엘리야는 하늘에서 불이 떨어지기를 기도하여 기적을 일으키는 역사를 경험한지 얼마 되지 않아 죽이러 오는 이세벨을 보고 두려워 줄행랑을 쳤다. 그 어떤 영적인 경험도 믿음을 가지고 매일 하나님과 함께 걸어가는 신앙 생활을 대체할 수 없다.

　둘째, 영적인 경험의 신비로움에 넋이 나가 하나님이 뒷전이 되어버리는 오류를 범하게 된다. 특히 처음 이러한 경험을 한 사람들은 이러한 함정에 쉽게 빠져 버린다. 예수님과의 관계보다 영적인 계시와 힘이 더 중시하게 된다면 하나님께서 우리를 믿고 맡기신 그 선물을 잘못 관리하는 형편없는 청지기가 되는 것이다. 그리고 결국은 자기 자신을 속이고 자신을 따르는 이들까지도 현혹하는 사람이 되어 버린다.

　결국 하나님이 우리에게 예언이나 계시를 보내시는 이유는 우리를 향한 아버지의 거룩한 사랑에서 비롯된 것이다. 그렇다면 이러한 메시지를 받고, 전하고, 이해하는 청지기라면 누구나 그 깊은 하나님의 사랑에 흠뻑 젖어 있는 자여야 할 것이다. 하나님은 그분의 사랑을 알고 그분을 사랑하는 자들에게 그가 창조하시고 사랑하는 이들의 비밀을 믿는 마음으로 알리시고 그들이 고침 받기를 원하시기 때문이다.

4
하나님의 음성을 분별하는 법

어느날 마이크 비클이 미국에서 가장 훌륭하다고 소문난 예언자가 텍사스주에 있는 가르랜드라는 곳에 산다고 했다. 그는 달라스에서 가까우니 그 곳에서 만나 함께 가자고 제안을 했다. 나는 그저 어영부영 그러겠다고 대답하고 따라 나섰다. 내 또래쯤 되어 보이는 목회자 네 명과 식당 한 자리에 빙 둘러 앉아 있는 그는 마이크의 말과는 달리 전혀 위대한 구석이 없어 보였다. 그냥 평범한 할아버지라고나 할까? 쉰 여덟이라고 자신을 소개한 그는 새하얀 백발과 깊게 진 주름을 보아 예순 다섯이라 해도 믿을 만큼 늙어 보였다. 같은 연령대의 목회자들과 둘러앉아 있는 그의 모습은 마치 아들을 넷 둔 아버지처럼 보였지만 사실 그는 아들 하나 없는 외로운 노인이었다.

아무리 보아도 유명한 예언자라는 이름보다는 역사학자라는 직함이 더 잘 어울릴 것 같은 사람이었다. 그분은 크리스천 부흥이 불일 듯 일어났던 1950년대를 산 사람으로서 하나님께서 이를 통해 보여주신 놀라운 권능과 역사들을 열정적으로 말했고 듣는 우리 또한 열심히 귀를 귀울였다. 그는 이러한 부흥운동의 주축을 이루어낸 많은 유명한 분들과 개인적으로 잘 알고 있는 듯 했다. 그 사람들과 함께 강단에 섰고 그들의 단점과 장점까지도 훤히 알 정도로 말이다.

그는 한 번도 자신을 예언자라고 하지 않았다. 하나님께서 계시를 내려 주시던 시절, 곧 이미 모두 과거가 되어 버린 일들을 열심히 이야기하고 있는 노인에 불과했다. 하지만 우리는 그의 과거가 궁금해서 그 자리에 있는 것이 아니었다. 우리는 현재에 일어나고 있는 일들이 알고 싶었다. 우리가 그 자리에 있는 이유는 훌륭한 예언자에게서 새로운 것들을 배우고 하나님의 음성을 좀 더 잘 들을 수 있는 방법을 배우기 위해서였다. 그에게는 미안한 말이지만, 그 자리에 함께 있던 목회자들이나 나 사람을 잘못 찾아온 것 같다는 결론을 내리고 한심한 눈빛으로 신나게 이야기하는 그를 쳐다보고 있었나. 한창 때는 힘있는 예언자였을지 모르나, 그의 전성기는 이미 지나간 옛날 이야기였다.

우리 중 아무도 그 사람을 교회로 초청하고 싶을 만큼 감동을 받은 사람은 없었다. 그러나 한 가지 감명을 받은 부분이 있다면 그의 사람 좋음이었다. 자신의 실패에 관한 이야기를 할 때조차도 그는 사랑으로 가득찬 부드러운 목소리를 내고 있었다. 실패의 원인이 된 사람에 대해 눈꼽 만큼의 원망이나 비난조차 하지 않는 사람이었다. 그러나 우리가 여기까지 온 목적은 사람 좋은 예언자를 만나기 위함이 아니었다. 강력한 능력을 가진 사람에게서 큰 영향을 받아 각자의 교회 역시 이를 누릴 수 있도록 소망하는 마음으로 이 사람을 만나러 오지 않았는가?

그러나 내가 미처 보지 못하고 지나친 점이 있었다. 마치 우리와는 다른 세상에 살고 있는 듯한 그의 눈. 어디선가 한 번 본 적이 있는 낯익은 눈이었다. 그러나 예언자와 전혀 거리가 먼 것 같은 그의 겉 모습에 선입견을 가지게 된 내 눈은 이미 멀어 있었다.

그때는 그가 한 눈에 우리 네 사람의 영혼을 꿰뚫어 보고 있다는 사실을 미처 알아챌 수 없었다. 그는 우리 중 한 사람에게 몇 년간의 고난이 닥칠 것과, 또 다른 사람은 죄에 빠져 목회를 그만두게 될 것, 그리고 또 다른 한 사람은 훗날 자신의 친아들 같은 존재가 될 것이란 사실을 처음부터 알고 있었다. 그가 우리의 미래를 한 눈에 보고 있었다는 것은 한참이 지나서야 알게 되었다.

내가 미처 보지 못한 점이 하나 더 있다. 시간 낭비만 했다는 생각으로 후회스러웠던 이 만남이 바로 하나님께서 오래전부터 나를 위해 준비하신 만남이었다는 사실이다. 이를 통해 나의 분별력과 통찰력이 얼마나 얕고 보잘 것 없는지 훤히 드러나 버렸다. 하나님은 이 만남을 통해 내게 그분의 음성을 듣는 데 가장 필수적인 요소가 무엇인지를 가르쳐 주시려 하신 것이다. 후에 너무나 무지한 내 자신이 주체할 수 없이 한심했지만, 그런 나를 하나님께서는 끝없는 자비와 관용으로 감싸 안으셨다.

이것은 하나님께서 나의 영적인 아버지 역할을 감당시키실 사람, 폴 카인과의 첫번째 만남이었다. 그러나 나는 처음부터 그를 예언자로도 영적 아버지로도 보지 못했다. 내게 말씀하시는 하나님의 음성을 들을 수 없게 나의 영적인 귀와 눈이 굳게 닫혀 있었기 때문이다.

하나님의 음성을 분별하는 네 가지 방법

하나님께서는 우리에게 항상 말씀하고 계신다. 그러나 우리의 개인적인 생각과 감정들이 우리의 귀를 막고 있다. 또한 다른 이들이 우리에게 말해주는 조언과 이야기에 관심이 쏠리는 것도 우리의 귀를 막고 있는 심각한 요인 중 하나이다. 사탄 역시 우리에게 쉴새 없이 속삭인다(계 12:10). 그렇다면 하나님, 나, 다른 사람들, 그리고 사탄, 이 많은 방해물들을 넘어 하나님의 음성을 들을 수 있는지 살펴보자.

성경말씀

이 세상은 말세를 향해 치닫고 있다. 크리스천이라면 모두 잘 알고 있는 사실이다. 그러나 그 마지막 날이 언제인가가 항상 신학자들과 과학자들 사이에서 논쟁이 되고 문제의 대상이 되고 있다. 어떤 사람은 성경을 바탕으로 한 수학적인 계산에 의해 1988년 9월에 말세가 될 것이라고 예견했다. 예수님께서 "그러나 그 날과 그 때는 아무도 모르나니 하늘의 천사들도 아들도 모르고 오직 아버지만 아시느니라"(마 24:16)고 말씀하셨음에도 불구하고 많은 사람들이 이 엉터리 예견자의 말을 믿었다.

2000년이 되는 해 역시 마지막 날에 대한 사람들의 두려움을 샀고 이에 예수님께서 오실 날짜가 변경되는 불상사가 일어나기도 했다. 유명한 교수가 히브리 숫자를 풀어 많은 컴퓨터들이 컴퓨터를 끌 때 쓰이는 명령어가 9999라는 사실을 고려하여 마지막 날은 1999년 9월 9일에 있을 거라고 예상했던 일은 또 어떤가? 물론 이러한 논설 밑에 마태복음 24:16의 말씀을 인용하여 사실은 그 누구도 그 날이 언제인지 모른다고 썼지만, 그렇다면 왜 주님이 1999년 9월 9일에 오실거란 억측의 긴 논설문을 썼단 말인가?

전지전능하신 하나님께서 비밀로 숨기시고 말씀하지 않으시는 날짜를 사람의 머리로 아무리 애를 써서 알아내려고 해봤자 그야말로 시간낭비이며 머리만 아플 뿐이다. 오히려 성경말씀을 묵상하고 성경말씀이 우리에게 말씀하는 것들을 실천하고자 하는 사람들은 복된 사람들이다.

사도 바울이 예수님을 전하러 베뢰아에 있는 유대인 회당에 갔을 때의 일이다. 사도 바울은 "간절한 마음으로 말씀을 받고 이것이 그러한가 하여 날마다 성경을 상고"하는 베뢰아 사람들을 칭찬한다(행 17:11). 성경에 대한 열정은 그들을 영생의 길로 인도했다. 우리 또한 그들을 본받아야 한다. 성경은 우리가 가지고 있는 주관적인 경험들을 거르고 다듬을 수 있는 첫번째 도구이다. 성경은 우리가 제일 먼저 찾아 우리의 생각과 세상의 생각의 옳고 그름을 가려낼 수 있는 시험관이다. 만약 내가 가지고 있는 생각이 성경과 반대된다면 과감하게 버려야 한다. 성경과 대조를 이루고 있는 사항들이라면 아무런 망설임 없이 무시해야 함에도 불구하고 성경을 읽는 많은 사람들이 오히려 성경과 대조되는 일들을 아무렇지 않게 행한다면 어떻겠는가?

예를 들어, 초신자의 경우 성경에서 믿지 않는 자들과의 결혼에 대해 말하고 있음에도 불구하고 하나님께서 이러한 결혼을 격려하시는 것처럼 맘대로 생각하는 오류를 범하기도 한다(고후 6:14). 사람이 무언가를 너무 원하다 보면 자기의 경우만은 예외인 것같고, 결국은 이로 인해 여러 가지 이유를 들어 자기 자신과 타협하게 된다.

그러나 "성경은 폐하지 못하나니"라고 예수님은 말씀하셨다(요 10:35). 하나님은 자신이 하신 말씀을 반드시 지키신다. 성경에서 금지한 것들을 하지 말라고 말씀하신다. 하나님께서 이삭을 바치라고 아브라함에게 명하셨던 사건을 가지고 하나님도 번복을 하신다고 생각하기 쉽겠지만, 자세히 보면 결코 그렇지 않다는 것을 알 수 있다. 이렇게 우리가 성경을 해석하는 데서 하나님의 의도와 뜻과는 다르게 이해하기는 쉽겠지만, 하나님의 음성은 절대로 성경과 대조를 이루지 않는다. 아무리 우리 안의 목소리와 다른 이들의 의견과 사탄의 음성이 방해를 한다고 해도 이 사실에는 변함이 없다는 것을 명심해야 한다.

음성의 특성

12년 동안 내내 바로 오늘 죽게 되리라는 생각을 가지고 산 여인이 있었다. 그러나 신들린 사람이 내뱉은 터무니없는 거짓말에 사로잡혀 있었던 것이란 사실이 드러났다.

그녀를 만난 것은 해외에서 열렸던 컨퍼런스에 참석했을 때였다. 말씀을 전하는 내내 젊은 나이에 요절할까 두려워하는 영혼이 있음이 느껴졌다. 그러한 두려움에 사로잡혀 사는 사람들이 있다면 강단으로 나와 안수기도를 받으라고 입을 열어 큰 소리로 권유했다. 두 여인이 강단으로 걸어 나왔다.

둘 중 한 사람에게로 걸어갔다. 빨간 머리를 하고 있던 그녀는 삼십대 중반 정도 되어 보였다. 인생을 한창 즐겨야 할 나이에 하루하루 겨우 죽지 못해 살아가고 있는 얼굴을 하고 있었다.

"곧 죽을 거라는 생각에 매일 두려움에 떨며 살아가고 계십니까?" 그녀에게 물었다.

"네, 제 생각엔 하나님께서 제게 그렇게 말씀을 하고 계신 것 같아요."

"자녀들 역시 제명에 죽지 못하리란 생각을 하십니까?"

"네…!" 그녀가 울음을 터뜨렸다.

"당신에게 말하고 있는 그 목소리는 하나님의 것이 아닙니다."

"그걸 어떻게 확신하시죠?"

"당신에게 말하는 음성을 들을 때마다 당신은 어떻습니까?"

"절망적일 뿐이죠."

"그렇다면 그 음성은 절대로 하나님의 음성일 수 없습니다. 하나님의 음성은 우리에게 희망을 주십니다. 하나님의 음성은 우리를 절망에 빠트리지 않습니다. 당신이 들었던 음성이 얼마나 오래 지속되었습니까?"

"12년 동안 계속되었어요."

"그렇다면 그 점 또한 당신이 들은 음성은 하나님의 것이 아니라는 사실을 증명하고 있군요. 12년은 결코 짧은 세월이 아닙니다. 금방 죽게 될거라고 했다면 벌써 죽었어야 하는 것 아닙니까?"

그 이후로 밤마다 그녀를 괴롭히던 음성에서 그녀는 벗어날 수 있었다. 일찍 죽을거라는 말로 성도들을 현혹하고 붙들어 매는 사탄의 음성은 매우 흔히 쓰이는 소재이다. 주님의 음성을 분별하는 법을 미처 배우지 못한 크리스천들은 이러한 덫에 걸리기 쉽다. 하나님께서 우리의 죽음이 가까왔다는 사실을 절대로 말씀하시지 않는다는 것이 아니다. 사도 바울은 자신의 죽음이 가까왔다는 사실을 알고 있었다. "관제와 같이 벌써 내가 부음이 되고 나의 떠날 기약이 가까웠도다"(딤후 4::6). 그러나 죽음을 알리신 하나님의 음성은 오히려 그를 기쁘게 했고 그에게는 평안이 가득했다. 절망이나 두려움과는 거리가 멀지 않은가? 하나님의 말씀은 하나님을 대적하는 이들에게는 절망과 두려움이 된다. 그러나 하나님은 아직 믿음이 약해 이리저리 휘둘릴지라도 하나님을 의지하고자 하는 자녀들에게 하나님은 힘을 북돋아 주신다.

성령 충만한 상태에서 성경을 자세하게 읽어보면, 하나님의 음성이 가지고 있는 특성을 잘 배울 수 있다. 예수님께서는 그의 제자들을 비난하지도 않으셨고, 잔소리를 하신다던지 푸념을 하셨던 적이 없다. 그의 음성은 조용했으며 권위가 있었다. 질책과 경고를 하실 때조차 결국 사람들에게 희망을 안겨주시는 분이셨다. 우리에게 들리는 음성이 정말 주님의 놀라우신 지혜의 말씀이시라면 두 말할 것도 없이 우리에게는 평화가 임할 것이다(약 3:17; 빌 4:6-7; 요 16:33).

사단의 음성은 우리에게 이와는 정반대의 것들을 안겨준다. 사탄은 우리의 희망과 믿음을 뺏는 것을 목표로 비난과 질책을 즐긴다(계 12:10). 이처럼 우리에게 들리는 음성에는 여러 가지가 있다. 우리에게 들리는 목소리가 하나님의 음성이라고 단정짓기 전에 여러 음성이 가지고 있는 특성을 파악하고 분별하는 훈련을 하자.

음성의 열매

음성을 듣고 순종했을 때 어떠한 열매를 맺게 되는지 살펴보자. 예수님께서는 거짓된 선지자와 참된 선지자를 구분하는 방법을 들어 그들의 열매를 비교하는 법에 대해 말씀하셨다(마 7:15-23). 이와 같이 만약 자신이 따르는 음성이 정말 주님의 음성인지는 우리의 삶 안에서 성령의 열매가 있는지 없는지를 통해 분별할 수 있다. 비록 다른 이들이 인정하지 않는 일을 하고 있다고 해도 스스로 자신의 열매를 보고 옳고 그름을 판가름할 수가 있다.

당신에게 들리는 가지각색의 음성을 듣고 따랐을 때 따르는 결과를 자세히 살펴보고 이에 대한 기록을 상세히 남겨 보자. "하나님이 네 원수들을 다 심판하실꺼야!"와 같은 분노의 음성을 따랐을 때는 어떤 결과가 따르는지 살펴보라. 또한 "꼭 지금 가져야 해!"라는 욕심과 소유욕에 가득찬 목소리를 따랐을 때, "넌 절대로 할 수 없어!"라는 두려움의 음성에 굴복했을 때는 어떠한 열매를 맺는가?

하나님의 음성을 따라 순종하며 사는 사람에게 성령의 열매가 열린다. 성령의 열매란 무엇인가? 바로 하늘에서 내려오는, 세상이 줄 수도 알 수도 없는 평안이다(빌 4:9).

음성의 내용

성경에는 성경을 믿는 이들조차 인정하고 싶어하지 않는 두 가지 성경 구절이 있다. 그러나 이를 믿지 않는 자들은 하나님께서 말씀하시는 많은 부분들을 놓치게 된다. 이 중 하나가 바로 이사야서 55:8-9이다.

> "여호와의 말씀에 내 생각은 너희 생각과 다르며 내 길은 너희 길과 달라서 하늘이 땅보다 높음같이 내 길은 너희 길보다 높으며 내 생각은 너희 생각보다 높으니라."

사실 누구나 겉으로는 이 말씀을 믿는다고 생각하고 그렇게 고백한다. 그러나 문제는 이 말씀이 다른 이들에게는 적용되고 정작 자신은 이와 무관하다고 생각한다. 의견일치가 되지 않을 때마다 우리가 쉽게 범하는 오류가 무언인가? 바로 상대방이 하나님의 뜻을 잘못 이해하고 있다고 판단해 버리는 것 아닌가?

위의 성경말씀과 같이, 만약 하나님의 생각과 우리의 생각이 천양지차로 다르다면 우리는 논의의 여지 없이 두 가지 사실을 인정할 수밖에 없다. 첫째, 우리의 인생에서 가장 중요한 부분이 있다면 이는 오직 하나님의 말씀과 계시를 통해서 알 수밖에 없다는 사실이다. 아무리 사람이 뛰어나다 해도 하나님께서 이해를 도우시지 않는다면 하나님의 깊으신 뜻을 이해할 수 없다. 둘째, 하나님께서 그분의 크신 뜻을 드러내어 보여주신다고 해도 사람이기 때문에 일시적으로는 이에 대해 거부감을 느낄 수밖에 없다는 사실이다.

예수님께서 제자들에게 사흘 후에 십자가에 매달려 돌아가시고 사흘 후에 다시 무덤에서 부활하시리라는 말씀을 하셨을 때 베드로가 보였던 반응을 살펴보라. "절대로 그렇게 되지 않을겁니다. 주님!" 베드로는 주님이 말씀하시는 계획이 마땅치가 않았다. 좀 더 확실하고 괜찮은 계획을 세워야 한다고 생각했다. 그러나 그의 생각은 하나님께서 계획하신 것과는 정반대였다. 예수님께서 그의 제자들에게 많이 말씀하셨지만 그들은 이해하지도 받아 들이지도 못했다. 주님과 가장 가깝게 지냈던 제자들조차 이해할 수 없었던 그 십자가의 계획을 세상이 어떻게 이해할 수 있었겠는가?

그리스인들과 로마인들은 모두 십자가에 대한 메시지를 터무니없는 말로 여겼다. 십자가형은 제일 흉악하고 천한 죄인들에게만 주어지는 형벌일 뿐이었다. 로마인에게는 그 어떤 이유를 막론하고 십자가형을 줄 수 없는 것이 당시의 법이었다. 그리스인도 로마인도 십자가에 달려 죽는 신에 대한 신화는 들어본 적도, 상상할 수도 없었다. 한 마디로 십자가형을 당하는 예수님의 말씀은 그들이 알고 있는 신화와는 정반대되는 말씀이었다. 어떤 신이 그러한 수치와 굴욕을 자처하겠는가? 유대인들 역시 십자가의 메시지를 받아들일 수가 없었다. 그들은 십자가에 달려 죽는 이에게는 저주가 내릴 것이란 신명기 21:22-23 말씀을 굳게 믿는 사람들이었기 때문이다. 어떻게 하나님이 십자가를 자초하시고 저주를 자초하시리라고 생각할 수 있었겠는가?

그 당시 예수님이 십자가에 달려 돌아가시는 사건은 인간의 지혜와 경험, 그리고 뛰어난 학자들이 가지고 있는 성경에 대한 지식을 완전히 뒤엎어버렸다. 이천 년 후에도 십자가의 섭리를 완전히 이해할 수 있는 사람은 없다. 극히 부분적인 뜻만을 이해하고 있을 뿐이다. 하나님께서는 매우 자주 우리가 알지 못하는 모습으로, 알아볼 수 없는 모습으로 우리에게 다가오신다. 이로 인해 그분을 알아 볼 수 없는 인간은 오류를 범하기 쉽다. 그러나 만약 하나님께서 우리에게 오시지 않는다면 어떻겠는가? 과연 전지전능하신 하나님을 우리가 찾아 나설 수 있겠는가? 절대로 불가능한 일이다.

하나님을 알아 볼 수 없는 우리의 무능력함이 바로 하나님이 우리에게 예언자들을 보내시는 이유이다. 예언자라면 누구나 자신의 생각이나 평소의 행동과는 전혀 다른 것들이 갑자기 나올 때에 귀를 기울일 줄 알아야 한다.

하나님의 음성을 분별하는 네 가지 방법—즉 성경을 통한 방법, 음성의 특징을 통한 방법, 열매를 통한 방법과 내용을 통해 아는 방법—은 우리가 하나님의 음성을 인지할 수 있도록 돕는다. 그러나 이러한 방법들 역시 치명적인 약점을 가지고 있다. 곧 사람의 마음 속에 있는 속사람은 이러한 방법들을 악용하여 자기의 욕심과 만족을 채우는 데에 쓸 수 있기 때문이다.

폴 카인과 첫 만남을 가졌을 때 나는 이 네 가지 방법을 이미 알고 있는 사람이었다. 그와의 두번째 만남에서 역시 나는 이 방법을 열심히 활용했다. 그러나 정작 하나님께서 내게 말씀하시는 것들을 듣지 못했다. 이미 목회 활동을 그만 둔 친절한 노인과의 평범한 점심식사라는 나의 선입견이 너무 컸기 때문이다. 그럼에도 불구하고 하나님은 폴과 나 사이에 깊은 우정이 싹트게 하셨고 하나님의 음성을 잘 들을 수 있도록 그에게서 많은 것을 배울 수 있는 기회를 허락하셨다. 하나님은 내게 친구 그 이상의 존재를 선물로 주신 것이다.

폴은 내게 아버지와 같은 존재가 되었으며, 아버지를 잃고 상처받았던 내게 힘을 주었다. 이는 곧 나의 가족과 나의 친구들에게도 힘이 되었고 기쁨이 되었다. 그러나 내 또래의 목회자들과 함께 했던 그와의 첫 만남에서 나는 하나님의 예언자임은 고사하고 하나님께서 나를 위해 준비해 주신 친구이자 아버지같은 존재임을 알아 보지 못했다. 그가 나에게 큰 축복이 되리라는 느낌조차 받지 못했다. 왜그랬을까? 내 눈이 어두워 선물상자를 포장하고 있는 형편없이 초라한 포장지만을 보았기 때문이다. 선물 포장지에만 집중한 나는 그 안의 내용물을 볼 수 없었다.

폴과의 관계를 통해서 하나님이 나를 위해 준비하신 것들이 무엇인지 일년이 지난 후에야 조금씩 깨닫기 시작했다. 그런 나와는 정반대로 폴은 하나님께서 우리 두 사람을 한 데 묶으시리라는 사실을 처음부터 알고 있었다. 또한 그는 내 영적인 눈이 너무 어두워 내가 하나님이 주신 것을 보기까지는 시간이 걸릴 것이라는 사실도 알고 있었다. 그리고 무엇이 내 눈을 가리고 있는지조차 알고 있었다. 그는 그렇게 많이 볼 수 있었던 반면에 나는 왜 그렇게 무지했을까? 우리의 우정은 일 년 후에 시작되었지만 이 의문에 대한 답을 얻기까지는 꽤 오랜 시간이 흘러야 했다.

이 질문에 대한 해답을 찾은 곳은 호주의 퍼스(Perth)라는 곳에서 열린 컨퍼런스에 참석했을 때였다.

자신의 약함을 인정하고 받아들이는 것

아무리 생각해봐도 전날 밤은 정말 완전한 실패작이었다. 폴 카인은 어쩌자고 그렇게 큰 실수를 한 것일까? 도대체 무슨 생각을 하고 있었던건지! 아니면 그가 강단에 서는 날짜를 잘못 잡은 우리의 잘못인가? 아니면 이러한 대실패조차 하나님께서 계획하신 뜻이 있는 것일까? 그러나 이러한 실패가 하나님의 계획에서 비롯되었다는 것을 인정하거나, 생각할 수 없는 일이었다. 적어도 내게는 그랬다.

폴 카인과 첫번째 만남 후에 폴과 나는 개인적으로 점심을 함께 하는 일이 잦아졌다. 얼마 되지 않아 식당에서의 점심식사는 우리 집에서의 저녁 식사로 바뀌었다. 우린 서로 친한 친구가 되어 가고 있었다. 가족들 역시 폴을 매우 좋아했다. 그때까지도 예언자로서 일하는 그의 모습을 볼 수 없었기에 나는 그를 이미 한물 간 예언자 정도로 여기고 있었다. 어느날, 그가 뚱딴지 같이 세인트 루이스에 있는 교회 방문에 이틀 동안 함께 동행하자는 제의를 해왔다. 그 곳에서 그가 안수기도를 위해 성도들을 불렀고 그들이 앞으로 나왔을 때 그는 그들의 깊은 비밀을 드러내고 그들을 향한 하나님의 계획을 말했다. 병든 자들을 위해 안수기도를 하고 어떤 이들은 이미 나음을 얻었다고 선포했다. 나는 예기치 못한 상황을 접하고 너무나 당황스러웠다. 이런 일들을 한 번도 본 적이 없었기에 더욱 신기했다. 모든 순서가 끝난 뒤에 나는 흥분된 목소리로 폴에게 물었다.

"폴, 왜 이런 일들을 할 수 있다고 나한테 말해주지 않았지요?"

"이런 일들이라니? 내가 뭘 했는데?"

"왜 그러세요, 폴! 당신이 행한 기적들 말이예요. 어떻게 그 많은 사람들의 비밀을 자세하게 속속들이 알고 있던데요?"

"아, 내가 하나님께서 나를 예언자로 사용하신다는 말을 하지 않았던가?"

"음, 하셨다고도 할 수 있죠. 하지만 폴의 이야기를 듣고는 이미 모두 시나산 과거의 이야기인줄 알았죠."

그 때부터 폴과 나의 동행이 본격적으로 시작되었다. 그에게 빈야드 운동의 리더인 존 윔버를 소개해 주었고, 그 두 사람 역시 좋은 친구 사이로 발전했다. 이제는 세 사람이 함께 동행할 수 있게 되었다. 이렇게 시간이 흘러 다시는 되돌릴 수 없는 호주에서의 대실패의 그 날이 오게 된 것이다.

1990년 3월, 호주의 서쪽 지역에서 많은 사람들이 폴의 놀라운 예언의 은사를 보기 위해 해변 도시인 퍼스로 몰려들었다. 많은 이들이 오랜 운전을 해가며 기적과 하나님의 계시를 보고 듣기 위하여 존 윔버가 기획한 이 컨퍼런스에 참가했다.

컨퍼런스의 두번째 날 저녁, 폴이 말씀을 전했다. 정말 형편없는 설교였다. 주위도 엄청 산만했고, 이로 인해 폴은 정신적으로 집중이 잘 되지 않은 모양이었다. 이미 종이에 적어 놓은 설교 내용을 읽는 것조차도 힘에 겨워 쩔쩔 맸다. 그러나 설교말씀을 망쳤다고 해서 걱정할 이유는 없었다. 여기 모인 사람들은 어차피 그의 말씀 전파보다는 그의 예언자로서의 능력을 보기 위해 온 사람들이지 않은가? 그렇게 폴의 설교가 끝났다. 관중들은 예언자의 입에서 나올 계시를 기대하며 숨을 죽이고 있었다. 아무도 모르는 자신들의 마음속 비밀을 모두 끄집어내고 자신들의 미래를 예언해 줄 예언자 폴에게 시선이 집중되었다. 그런데 아무 일도 일어나지 않았다. 이 많은 사람들에게서 쏟아져 나올 비난과 원망의 소리들을 나와 존 윔버에게 떠맡겨 버린 채 그는 강단에서 유유히 걸어 내려왔다.

다음날, 폴과 함께 바닷가로 산책을 하는 중 나는 참을 수 없는 마음에 입을 열었다. "폴, 여태껏 보아온 폴의 모습을 보면 항상 일정한 패턴이 있었어요. 말씀도 은혜롭고 그 후의 순서인 예언자로서의 사역도 너무나 훌륭할 때가 있는가 하면 설교가 형편없고 그 뒤에 전하는 계시의 말씀이 훌륭해 그나마 아무런 문제가 없는 두 가지 패턴으로 사역해오지 않았나요? 그런데 어제는 도대체 어떻게 된 영문인지 설교도 그렇고 계시의 말씀도 그렇고 모두 좀 그랬어요. 사람들이 얼마나 많이 실망하고 돌아갔는지 아시잖아요. 도대체 무슨 일이에요?" 그러자 그는 이렇게 대답했다.

"그래, 그래, 잭이 이해하지 못하는 부분을 알 것 같아." 그의 특유의 미소가 얼굴에 잔잔히 퍼졌다. 그리고 계속해서 말했다.

"어제 그 많은 사람들이 하나님께서 내게 주신 선물을 보러 왔다는 걸 잘 알고 있지. 그리고 하나님께서 내게 주신 선물이 매우 훌륭하다는 것도 잘 알고 있네. 만약 그렇지 않다고 말한다면 겸손을 가장한 교만이 아니겠나. 하지만 말일세, 예언의 은사는 말 그대로 하나님께서 주신 선물일 뿐이지 내가 타고난 달란트가 아닐세. 이 선물은 하나님께서 직접 가동하시지 않으면 사용할 수가 없어. 나는 금이나 은 그릇이 아니야. 나는 보잘 것 없이 흙으로 만들어진 토기일 뿐이고, 하나님은 황송하게도 이런 그릇 안에 예언의 은사라는 귀한 선물을 감당시키시지. 왜냐하면 하나님은 사람들이 내가 미래에 대해 말하고 하나님의 계시를 말하는 것을 보며 누가 이를 주관하고 있는지를 보기 원하시기 때문이지. 사람들이 하찮은 토기에 불과한 나를 보면 이러한 토기를 사용하시는 하나님을 쉽게 볼 수 있고 그분께 영광을 돌리지 않겠는가? 하나님은 사람들의 눈이 멀어 내가 토기 그릇임을 보지 못할까봐 어제같은 일도 계획하시곤 하지. 하나님의 기름부으심 없이는 내가 얼마나 하찮은 존재일 뿐인가를 깨우쳐 주시는 거야. 하나님은 어제 나를 있는 그대로의 모습, 바로 하찮은 사람 그대로 그 강단 위에 세우셨지. 그렇게 나는 하나님의 기적 같은 선물을 가지고 있는 어리석은 노인에 불과하다네. 사람들은 어제 하나님의 역사가 없는 나의 모습이 얼마나 무능력한 모습인지 보았지. 그런데 하필이면 왜 꼭 어제여야 했느냐고 묻는다면 나 역시 잘 모른다고 대답할 수밖에 없다네. 그러나 내가 이러한 하나님의 계획을 인정하지 않는다면 하나님께서는 나를 더 이상 사용하시지 않으실걸세. 내가 져야 하는 십자가는 사람들에게서 받는 실망의 목소리와 하나님이 내게 역사하시지 않았다는 부끄러움일 뿐이지."

나는 이전까지 이와 같이 자신에게 주어진 십자가를 겸손한 자세로 온 마음을 다해 지고 가는 이를 만나 본 적이 없다. 그제야 하나님이 폴에게 이처럼 놀라운 능력을 믿고 맡기신 이유와, 성령님께서 주시는 계시의 말씀을 이해하는 폴의 능력이 그처럼 탁월한 이유를 알 것 같았다.

겸손한 마음

폴 카인은 사도 바울이 깨달았던 하늘의 비밀을 공유하고 있는 사람이었다.

> "내게 이르시기를 내 은혜가 네게 족하도다 이는 내 능력이 약한 데서 온전하여짐이라 하신지라 이러므로 도리어 크게 기뻐함으로 나의 여러 약한 것들에 대하여 자랑하리니 이는 그리스도의 능력으로 내게 머물게 하려 함이라 그러므로 내가 그리스도를 위하여 약한 것들과 능욕과 궁핍과 핍박과 곤란을 기뻐하노니 이는 내가 약할 그 때에 곧 강함이니라." (고후 12:9-10)

여기서 말하는 약함은 죄에 흔들리기 쉬운 나약함과는 다른 뜻이다. 또한 예수님을 닮아가려 하는 과정중에 우리가 부딪히는 우리의 성숙하지 못한 모습과도 다른 의미를 가지고 있다. 여기서 말하는 약함은 우리가 하고자 하거나 해야 하는 일들을 감히 우리 능력으로 감당 할 수 없는 것을 뜻한다. 이에는 언어장애라든지 심하게 부끄러움을 타는 성격적 결함 등 육체적 무능력 또한 포함된다. 고린도후서 12:7을 보면 사도 바울의 약함이 설명되어 있다. 자세하게 언급하지는 않지만 사도 바울은 이를 '내 육체의 가시'라고 설명하고 있다. 만약 사도 바울이 그의 병명을 정확하게 밝혔더라면 아마도 우리는 자신이 가지고 있는 병과 사도 바울이 가지고 있던 병을 비교하며 사도 바울이 가지고 있던 병이 더 심했던 것 같다고 생각하게 될지도 모르겠다. 그리고 사도 바울이 참 대단하다는 생각을 하며 하나님께 돌릴 영광을 사도 바울에게 돌리게 되지 않을까?

사람들은 누구나 자신이 가지고 있는 약점이 평생 자기에게 짐이 될 것이라고 생각하며 살아간다. 그러나 겸손한 사람들은 오히려 자신이 가지고 있는 약점을 통해 예수님께서 보여주실 놀라운 능력을 믿고 감사하며 기뻐한다. 그날 아침 나는 바닷가에서의 산책을 통해 겸손한 마음이야말로 하나님의 음성을 듣고 깨달을 수 있는 중요한 열쇠라는 것을 깨달았다.

성경은 겸손한 자가 하나님의 음성을 듣고 그의 말씀을 깨닫는다고 말하고 있다. 구약성경 전체를 보면 모세만큼 하나님의 음성을 많이 들은 사람이 없다. 그 이유는 무엇일까? 민수기 12:3에 "이 사람 모세는 온유함(겸손함)이 지면의 모든 사람보다 승하더라"고 되어 있다. 사실, 역대 모든 훌륭한 선지자들의 성품을 보면 결코 겸손함이 빠지지 않았다. 겸손한 마음은 곧 하나님과의 친밀한 교제로 가는 지름길이라고 할 수 있다. 하나님의 사랑을 듬뿍 받았던 다윗은 "여호와께서 높이 계셔도 낮은 자를 하감하시며 멀리서도 교만한 자를 아시나이다"(시 138:6)라고 간증하였다.

하나님은 겸손한 사람을 "찾으신다." 곧 겸손한 사람과 깊이 교제하시길 원하신다는 말이다. 교만한 자는 그분의 음성을 들을 수 없다. 하나님은 교만한 자를 멀리하시기 때문이다.

그렇다면 겸손이란 무엇인가? 사전에서 정의하는 겸손은 교만하지 않은 것, 오만하지 않은 것, 불손하지 않은 것, 독단적이지 않으며 자만하지 않는 것이다. 진정한 겸손은 과연 무엇인가? 자신의 모습을 부정적으로 보고 자신은 아무 쓸모 없고 하찮은 존재라고 자책하며 사는 것이 겸손인가? 겸손은 그런 것이 아니다. 세례 요한은 자신이 예외적인 존재임을 잘 알고 있는 사람이었다. 그를 향한 하나님의 계획이 천사 가브리엘을 통해 미리 예언되어 있었기 때문이다. 가브리엘은 성경에 유일하게 이름이 기록되어 있는 두 천사 중 하나이다(눅 1:11-20). 세례 요한의 출생은 이미 성경에 예언되어 있었다(눅 1:57-79). 그는 성경의 모든 예언자들이 소유했던 특권과는 비교도 되지 않는 커다란 특권이 자신에게 주어졌음을 알고 있었다. 이사야 40:3에 나오는 "음성"이 곧 자신의 것을 가리킨다는 것도 알고 있었다. 자신이 특별한 존재임을 잘 알고 있던 세례 요한은 매우 겸손한 사람이었다.

겸손은 자신이 가지고 있는 특성을 외면하는 것이 아니다. 겸손은 우리가 아무리 잘나고 뛰어나다 하더라도 하나님의 관심을 끌기에 충분하지 못하다는 것과 우리의 능력으로는 가장 하찮아 보이는 일이라도 감히 제 힘으로 할 수 없다는 사실을 아는 것이다. 세례 요한은 자신의 훌륭한 장점들을 보았다. 그러나 그는 메시아로 오신 예수님을 보고 자신은 그의 신발을 벗기는 일조차 감히 할 수 없는 하찮은 사람임을 고백했다(요 1:27). 겸손한 마음을 가진 사람은 자기 자신을 남과 비교하기 보다는 전능하신 하나님 앞에 서서 자신의 하찮음을 본다. 그러므로 따로 낮아지려는 노력 없이 자연스럽게 우러나오는 마음에서 자신을 낮추게 되는 것이다.

겸손한 마음이 하나님의 음성을 들을 수 있는 열쇠라면, 어떻게 겸손한 마음을 소유할 수 있을까? 머리로만 아는 것은 아무 소용이 없다. 그렇다면 어떻게 행동으로 옮겨야 하는가?

사막을 통해 성숙되는 사람

사막에 서 있을 때 사람은 겸손해질 수밖에 없다. 모세, 다윗, 세례 요한, 그리고 예수님 모두 매우 중요한 훈련 시간을 사막에서 가진 바 있다. 하나님께 크게 쓰임을 받은 자들의 특성은 바로 사막에서 겸손함을 익혔다는 것이다. 하나님은 자신의 백성들에게 마치 아이가 부모를 의지하듯 하나님을 의지하는 법을 가르치시기 위해 40년에 걸친 광야 생활로 이스라엘을 이끄신 분이다(신 8:1).

예언자적 목회에는 매우 극적인 면이 있다. 예언자들은 관중들을 감탄하게 하고 압도하기도 한다. 그리고 어떤 때는 한 나라를 감동시키기도 한다. 그러기에 더욱 교만해지기 쉬운 존재가 바로 예언자들이다. 이렇게 교만해진 예언자의 마음을 치료하기 좋은 곳은 바로 사막이다. 자신이 받은 예언의 은사가 크면 클수록 사막에서의 시간은 더욱 고되고 힘들 것이다. 그러나 사막을 멀리하지 말자. 사막을 마음에 품자. 사막에서 우리는 겸손함을 배울 것이며, 믿음이 더욱 자랄 것이다. 그리고 우리를 재충전하시는 하나님의 손길을 느낄 수 있을 것이다.

예수님께서는 이 세상에서 세례 요한보다 위대한 자는 없다고 말씀하신다(마 11:11). 왜 그런 말씀을 하셨는가? 세례 요한만큼 겸손한 사람은 없었기 때문이다. 단지 예수님 앞에서 자기 자신을 낮추었기 때문이 아니다. 그는 예수님이 오심으로 해서 자신이 여태껏 해오던 사역이 끝났음에도 불구하고 겸허한 태도와 마음을 잃지 않았다. 그는 "그는 흥하여야 하겠고 나는 쇠하여야 하리라 하니라"(요 3:30)고 고백했다. 자신의 인기가 하늘을 치솟고 있었음에도 불구하고, 그는 예수님의 오심은 곧 그를 위하여 길을 닦던 자신의 역할의 끝을 뜻하고 있다는 것을 잘 알고 있었다. 사람이라면 누구나 자신의 설 자리를 잃어버리는 입장에서 매우 불쾌했을 것이다. 그러나 요한의 마음은 정해져 있었다. 그는 그것이 옳은 일이라는 것을 알고 있었다. 요한이 이렇게 겸손할 수 있었던 이유가 무엇일까? 어디서 이렇게 겸손한 마음을 배웠던 것인가? 바로 사막이다.

오늘도 사막을 통해 훈련하시는 하나님

혹시 지금 이 순간에 하나님께서 계획하신 사막의 훈련을 견디고 있는 사람들이 있다면 폴 카인이 겪었던 사막의 간증을 통해 조금이나마 힘을 얻기 바란다. 폴은 태어날 때부터 교만한 예언자가 될 수 있는 가능성들을 지니고 있었다. 사실 새내기 예언자 시절 그는 자신감에 넘치다 못해 자신이 천하무적이라고 굳게 믿었다고 한다. 이렇게 희망 없는 예언자 폴은 하나님이 계획하신 사막을 만나게 되었고 그 사막은 그를 교만한 자의 자리에서 건졌다.

폴의 어머니인 안나 카인이 폴을 임신한 것은 1929년이었다. 마흔 네 살의 안나는 병들어 죽어가고 있는 몸이었다. 유방암으로 고생한 것도 모자라 이번에는 자궁암 선고를 받은 상태였다. 거기에다가 결핵과 심장 충혈까지 겹쳐 있었으니 말해서 무엇하겠는가? 달라스 베일러 병원의 의사들은 모두 포기했고, 결국 그녀를 집으로 돌려 보낼 수밖에 없었다. 그녀에게 남은 일은 집에서 조용히 죽음을 기다리는 것뿐이었다. 어느날 밤, 한 천사가 그녀에게 나타나

아기와 함께 모두 건강하게 살게 될 것이라고 했다. 그리고 뱃속의 아기는 아들이며, 사도 바울과 같이 강력한 말씀을 선포하는 전도자가 될 것이라는 소식과 함께 아기의 이름을 폴이라고 지으라고 했다고 한다. 그 후, 안나의 병은 깨끗이 나았고 곧 건강한 아들을 출산했다. 모두 천사의 메시지대로 이루어졌다.

안나는 아들에게 기적같이 살아난 일과 그의 출생을 미리 알 수 있었던 일 등 천사의 방문을 숨겼다. 그녀는 아들을 교만한 사람으로 키우고 싶지 않았다. 안나는 아들이 하나님이 계획하신 길로 들어서는 것을 볼 수 있을 때 모든 것을 이야기하리라 결심했다.

안나의 아들은 천사의 말대로 전도자가 되었다. 십대에 이미 목회의 길에 들어선 폴에게 신유의 은사와 여러 가지 기적들은 부흥회마다 누누이 일어나는 흔한 일이었다. 1950년대 청년시절 그는 기독교 치유 운동을 통해 눈에 띄도록 탁월하고 유명한 존재로 알려지기 시작했다. 1950년대 말기 기독교 치유운동은 오염되고 타락해 갔다. 폴은 기녹교 운동의 부패하고 한심한 모습을 보며 그 운동에 가담했던 자신이 혐오스러웠다고 한다. 그리고 그는 철저히 무너졌다. 이렇게 쓰러져 있는 폴에게 하나님의 약속이 들려왔다. 만약 그가 하나님을 돈이나 명예보다 더 사랑하고 하나님께서 사막이나 그보다 더한 곳에서 그를 단련하시더라도 불평하지 않고 순종하겠다고 약속한다면 이전과는 다른 종류의 예언자들과 만날 수 있도록 인도하실 것이라는 언약의 말씀이었다. 이들은 하나님께서 주신 능력을 사리사욕을 채우는 데에 두지 않는 진실한 일꾼들이라고 말씀하셨다. 폴은 하나님의 약속을 믿었다. 하나님은 이전에 그의 어머니와 하신 약속을 어김없이 지키신 분이다. 그의 어머니는 아직까지 건강하게 살아 계셨고 이제 칠십대 중반이었으니 말이다. 또한 하나님께서는 그가 새로운 무리의 선지자들과 만나기 전까지 그의 어머니는 살아 있으리라는 약속을 주셨다. 이에 어머니의 연세가 이미 칠십대 중반인 것을 감안한 폴은 하나님께서 말씀하시는 사막에서의 단련이 그리 길지 않을 것이란 생각에 마냥 희망에 부풀어 올랐다.

하나님의 약속은 곧바로 실행되었다. 폴은 전국을 떠돌며 행하던 예언자 사역을 멈추고 말 그대로 허허벌판 사막인 아리조나주의 피닉스에 조그마한 집을 구해 살게 되었다. 11년이란 세월 동안 그의 침대는 거실에 놓여 있는 초라한 소파였고 그의 일과는 늙어서 거동하기 힘든 어머니를 보살피는 일이었다. 그 동안 한 두 교회에서 목사직을 하려고 시도도 해보았지만 모두 실패했다. 교회에서는 정식 목사가 아닌 예언자를 목사로 두기를 꺼렸다. 그나마 몇몇 교회에서 설교 초청을 받고 얻는 얼마 안되는 돈으로 끼니를 거르지 않을 만큼 근근히 살아갔다. 그의 오랜 친구들과 대학 동창들은 이미 그를 잊은지 오래였다.

그러나 주님은 단 한 순간도 그를 잊지 않으셨다. 주님은 가끔 "까마귀"를 통해 그에게 선물을 보내주셨다. 그리고 그는 주님과의 매일 같은 만남 속에서 주님의 보호하심을 느꼈으며 그 어느 때보다도 놀라운 계시와 기적들을 체험했다. 하나님은 그에게 보이신 일들이 널리 알려지는 것을 원하지 않으셨기에 이를 막으셨다. 폴은 완전히 잊혀진 존재가 되었다.

이제 나이가 들 대로 든 폴의 노령한 어머니는 몇 번이나 죽음의 문턱을 왔다 갔다 했다. 그리고 그럴 때마다 의사들은 얼마 못 견딜 것이라고 했지만, 폴은 의사들의 말에 귀를 기울이지 않았다. 그가 새 무리의 예언자들을 만나기 전까지 어머니는 죽지 않을 것이란 하나님의 말씀을 기억하고 있었기 때문이다.

1990년, 폴은 새로운 선지자들을 만났고 그들에게서 초청장을 받으며 이제는 하나님께서 약속하신 새로운 만남이 곧 시작되리라는 사실을 감지했다. 결국 그 해 4월 경 그의 어머니 안나 카인은 하나님의 부르심을 받았다. 사막의 훈련이 끝난 것은 정확히 그 해 봄, 새로운 생명이 싹트기 시작하는 따뜻한 계절이었다.

천사가 생명의 탄생을 알리고 하나님이 새로운 사람들과의 만남을 약속하셨다는 이 모든 말들이 어떻게 들릴지 잘 알고 있다. 또한 이런 일이 나와 친한 사람에게 일어났기에 꼭 내 친구 자랑을 떠벌리는 것처럼 보일 수도 있다는 사실도 감안하고 있다. 혹시 내게 증거를 대보라거나 증명해 보이라고 한다면 마땅히 내어 보일 것이 없다. 사실, 나 역시 어떤 증거를 구하고 싶은 마음에 안나 카인이 죽음의 선고를 받았던 병원에서 1929년대의 기록을 구하려고 가보기도 했지만, 너무 오래된 기록이라 더 이상 보관하고 있지 않다는 말을 듣고 되돌아 선 적이 있다. 그러나 내 눈으로 폴 카인을 통해 보이시는 하나님의 기적들을 똑똑히 보았고, 내가 알기 이전 폴을 알던 이들에게서도 많이 들어왔으며 하나님이 구약시대에도 하신 것처럼 많은 나라의 지도자들 앞에 폴을 세우시고 그를 통해 역사하시는 일들을 목격해왔기에 더 이상은 어떤 증거가 필요 없게 되었다.

안나의 어린 아들은 이제 늙고 보잘 것 없는 칠십대의 노인이 되어 버렸다. 그가 정말 하나님의 기름부음을 받은 사람인가? 그의 삶을 살펴 보면 확실히 그에게는 성경에서 말하는 예언자의 패턴—천사의 방문과 이를 통한 메시지, 새로운 사역을 위한 사막으로의 도피, 겸손함, 그리고 예언자적 능력—이 있음을 볼 수 있다. 그의 모습속에서 하나님의 형상을 볼 수 있고, 성령의 열매를 볼 수가 있다. 그러나 폴의 초라한 모습은 능력있는 예언자의 모습과는 대조되는 모습이기에 처음 보는 이에게는 거부감을 일으키기 쉬운 것 같다.

5
하나님의 뜻을 이해하는 법

혈압

갑자기 혈압이라는 단어가 떠올랐다. 그렇지만 그 순간 나와 눈이 마주친 부인은 매우 건강해 보였다. 그녀는 왼쪽에서 세번째 줄에 앉아 있었다. 강단에 서서 관중을 바라보며 하나님의 음성을 기다리는 중에 머릿속에 떠오른 단이가 바로 혈압이었다. 그러나 나와 눈이 마주친 부인은 결코 고혈압으로 고생하고 있는 것처럼 보이지 않았고, 나 역시 이전에는 병에 대해 언급하지도 생각해보지도 않았기 때문에 당황스럽기만 했다.

예언자적 은사를 받은 사람들은 이러한 순간에 하나님이 주시는 단어나 정보들을 일컬어 "정보를 제공하는 말씀"이라고 부른다. 이와 같은 순간을 접하는 일이 이제 어느 정도는 낯설지 않을 만큼 익숙해졌지만 그 후에 내가 해야 할 일에 대해서는 아직 어떻게 반응해야 옳은 것인지 난감하고 어려웠다. 하나님이 말씀하실 때 어떤 자세로 들어야 하는지도 잘 몰랐을 뿐더러, 혹시 하나님께서 내게 말씀하시고자 한다 해도 정작 나 자신이 마음의 준비가 되어 있는지 확신할 수가 없었다.

그 부인에게 잠시 시선을 고정했다. 웬지 매우 감동적인 순간을 연출하게 될 것 같은 생각에 마음이 부풀었다. 마음에 확신이 섰다.

"혹시 고혈압으로 고생하시는지요?" 나는 조심스럽게 입을 열었다.

"아니요." 부인의 대답이었다. 정말 믿을 수가 없었다. 주님이 내게 그녀의 고혈압 상태를 분명히 알려 주셨다고 확신하고 있었는데 아마도 내가 너무 성급했던 것 같았다. 그녀의 가족 중에 고혈압 환자가 있을지도 모르는 일이었다. 다시 목소리를 가다듬고 입을 열었다.

"혹시 가족 중에 고혈압으로 고생하시는 분이 계신가요?"

"없는데요." 두번째 낭패였다. 혹시 이 사람이 아닌가? 하나님께서 그녀의 옆이나 근처에 앉아 있는 사람을 지목하시는데 내가 끝까지 듣지 않는 바람에 그만 놓쳐 버렸나?

"이 부인 주위에 앉아 있는 사람 중에서 고혈압으로 고생하고 계신 분 있습니까?" 그녀 주위에 앉아 있는 사람들을 둘러보며 다시 자신감에 찬 목소리로 조금은 다급하게 입을 열었다.

세번째 낭패였다. 그러나 여기서 멈출 수는 없었다. "이 자리에 주위에 아는 사람들 중에 고혈압으로 고생하는 사람을 아는 분이 하나도 없습니까?" 나는 창피함을 감추기 위해 계속 추태를 부리고 있었다. 혹시 쫓겨나도 할 말이 없을 정도였다. 그냥 세번째에서 멈출걸 그랬나, 후회가 되었다. 그 강단은 내가 '가장 좋아하는 교회 리스트'에 적혀 있는 텍사스주 아마릴로에 있는 트리니티 펠로우

십 교회였다. 이 교회에서 계속 말씀을 전하고 싶은 마음이 간절했기에 나는 창피함과 당혹감에도 불구하고 내 실수를 관중 앞에서 인정하고 계속 이끌어 나갔다.

강연이 끝난 후, 내가 처음 지목했던 부인이 와서 말을 걸었다. "사실은 제 남편이 저혈압으로 고생을 하고 있기는 해요. 요즘은 너무 심해져서 기절까지 하곤 한답니다. 혹시 하나님께서 저혈압이라고 하시진 않았나요?" 앗차! 초보 예언자의 무지함이여!

하나님의 자비는 참 놀랍고 크다. 그분은 나의 실수를 감싸 주셨고 그때의 추태로 인해 손해보는 일이 없도록 도와 주셨다. 만약 성공적으로 강연을 마쳤다면 깨달을 수 없었던 사실을 깨달을 수 있었다. 어설픈 실수로 인해 더 큰 것을 얻게 된 것이다. 내가 어떤 실수를 했는지 설명하기 전에 하나님의 자비와 관용에 대한 이야기를 먼저 하고 싶다. 첫째, 주님은 오늘날에도 나에게 누가 고혈압으로 병을 얻어 고생하는지 말씀해 주시고 그분의 음성을 바로 이해하고 적용시킬 수 있게 도우신다. 왜냐하면 하나님은 내가 병으로 고생하는 이를 위해 기도하기 원하시기 때문이다. 둘째, 주님은 내가 오류를 범하게 된 과정을 보여 주시며 다시는 똑같은 잘못을 저지르지 않도록 나를 가르치셨다. 셋째, 이에 대해 책으로 기록하게 하셔서 지금 이 책을 읽고 있는 당신에게도 똑같은 가르침을 주시고자 하신다. 넷째, 값을 치르게 하셨지만, 내가 겪은 창피함은 내가 저지른 잘못에 비해 매우 약한 벌이었다. 그 이유는 뒤에서 좀 더 자세하게 설명하겠다.

이 일을 통해 내가 배운 것이 있다면 바로 우리가 실수를 반복하더라도 창피를 무릎쓰고 주님을 위해 계속 일하기 원할 때, 주님은 자비를 베푸시고 오히려 우리의 실수를 통해 더 많은 것을 얻게 하신다.

 무엇이 나로 하여금 실수하게 만들었을까? 나는 두 가지의 오류를 범했다. 첫번째 실수는 아무도, 나 자신조차도 보지 못했다. 내 마음속에서 벌어진 일이었으니까 말이다. 마음속으로 지은 잘못은 두번째 실수를 하게 만드는 원인이 되었다. 또한 겉으로 드러나는 실수에 비해 바로잡기가 더 힘들었다.

계시를 이해하고 적용시키는 단계

 겉으로 드러난 잘못은 바로 하나님의 계시와(하나님이 말씀하신 내용) 그것을 이해하는 것(말씀이 가지고 있는 뜻 헤아리기), 그리고 적용하는 것(어떻게 적용하고 응용해야 하는지), 이 세 가지를 확실하게 구문하지 못한 것이었다. 이 세 가지는 하나님께서 우리에게 말씀하시는 것을 들을 때 항상 염두에 두고 있어야 하는 중요한 요소이다.

 계시는 곧 하나님께서 우리에게 주시는 메시지이다. 하나님의 말씀은 성경을 통해서, 꿈, 감동, 그리고 많은 다른 것들을 통해 우리에게 전달된다. 하나님께서 주시는 계시에는 거짓이 있을 수 없다. 하나님은 거짓말을 하실 수 없는 분이기 때문이다(히 6:18). 그러나 하나님의 계시가 아무리 진실이라고 해도 우리가 잘못 이해하고 해석하면 엉뚱한 내용이 되어 버린다. 설사 하나님의 계시를 올바로 듣고 이해했다고 하더라도 잘못 적용하게 된다면 그것 또한 문제가 되는 것이다. 하나님의 계시가 사람을 이롭게 하기 위해

5. 하나님의 뜻을 이해하는 법

선 이 세 가지 요소가 모두 바르게 이행되어야 한다.

처음으로 돌아가서, 그 부인을 처음 봤을 때 나는 분명 "혈압"이란 단어가 머릿속에 난데없이 떠오르는 것을 느꼈다. 하나님의 계시는 분명 진실이었다. 그렇지만 내 머리로 해석한 내용은 전혀 엉뚱한 것이었다. 혈압이란 단어를 듣자마자 "아, 고혈압이구나"라고 내 맘대로 생각해 버렸다. 보통 저혈압보다 고혈압이 훨씬 흔하고 많으니까 말이다. 또 하나 잘못 생각한 것이 있다. 그 부인을 보는 순간 단어가 떠올랐으니 하나님이 그 부인을 지목하고 하신 말씀이라고 생각해 버렸다. 그러나 그렇게 내린 결론을 가지고 그녀를 불렀을 때(적용), 내게 돌아온 것은 낭패와 비웃음뿐이었다.

하나님께서 혈압이란 단어를 주셨을 때 내가 밟아야 했던 옳은 과정은 이러하다. 그 단어가 머리에 떠올랐을 때 주님께 먼저 그 단어가 뜻하는 의미와 그 부인에게 이 단어가 어떻게 적용이 되는지를 여쭤봤어야 한다. 만약 그렇게 질문을 했는데도 주님께서 아무런 대답이 없으시다면 다음 단계로 넘어가 그 부인에게 솔직한 질문을 던져야 했다: "방금 부인에게로 시선이 지나칠 때 제 머리 속에 '혈압'이라는 단어가 떠오르더군요. 혹시 무슨 상관이 있으신지요?" 그렇다면 그녀는 "어머, 그럼요. 남편이 저혈압으로 고생을 하고 있어요. 간간히 기절하기도 하구요"라는 대답했을 것이다.

이미 숙련된 예언자라 해도 계시를 잘못 적용하는 실수를 할 수 있다. 예언자 아가부스는 성령님으로부터 사도 바울이 예루살렘으로 가면 곧 감옥에 수감될 것이란 메시지를 들었다. 이에 바울을 아는 사람들과 아가부스는 예루살렘에 가려는 그를 만류했다. 그러나 사도 바울은 결국 예루살렘에 간다(행 21:10-14). 하나님께서 주신 메시지는 진실이었다. 그러나 이 계시를 접하고 아가부스 일행과 사도 바울의 적용은 완전히 상반되는 것이었다. 그렇다면 둘 중에 하나는 틀린 적용을 했다는 말이 된다.

이렇게 계시, 이해 그리고 적용의 단계를 정확히 구별할 수 있다면 우리에게 많은 도움이 될 것이다.

하나님의 메시지를 기록하자

또 우리에게 도움을 줄 수 있는 방법이 있다. 다니엘의 발자취를 더듬어 보자. 다니엘은 환상과 꿈속을 통해 하나님이 보여주신 내용들을 상세하게 기록해 두었다(단 7:1). 하나님께서 주신 메시지를 자세히 기억하지 못한다면 이해의 단계로 넘어갈 수 없다. 꿈이 너무 생생하여 절대 잊어버리지 않을 거라고 생각할 때도 있을 것이다. 그렇지만 무언가를 보고 들은 후 5분에서 10분 이내에 내용을 기록해 두지 않으면 대부분의 내용을 한 시간도 안 돼서 기억하지 못하게 된다. 성경말씀을 묵상하는 중에 얻은 내용이나 환상과 감동 역시 기억 속에 그리 오래 남아 있지 않는다. 이를 잘 알고 있기에 나는 항상 메모를 해 놓고 기록해두는 습관을 들이려 노력한다. 혹시 주님께서 내가 어떤 일을 하는 중에 메시지를 주신다 해도 기록해 놓는 습관 덕분에 이를 하나도 놓치지 않을 수 있다. 주님은 우리가 무언가에 다른 일을 하고 있을 때에 우리에게 말씀하시기도 한다. 이는 우리가 얼마나 그분의 음성을 사모하는지 시험해 보시기 위해서일 것이다.

기독교인으로 사는 동안 나는 하나님께서 자발적으로 나를 찾으신다는 사실에 대해 특별히 감사하게 느껴본 적이 없다. 하나님은 그저 성경을 통해서만 말씀하시며 그것 또한 내가 성경을 읽지 않으면 들을 수 없다고 생각해 왔다. 하나님께서 내 스캐줄에 맞추어 내가 하나님을 만날 시간이 될 때에만 내게 말씀하시는 하나님이 내게는 너무나 당연하게 느껴졌었다. 성경공부를 할 때면 하나님께서 주시는 말씀들을 노트에 항상 기록해왔다. 성경을 통해 하나님, 사탄과 악마, 나 자신과 다른 이들에 대한 많은 교훈과 가르침을 얻을 수 있었다. 그러나 그렇게 성경을 마주하고 있지 않을 때에는 하나님께서 내게 말씀하시지 않으리라는 잘못된 생각 때문에 나는 하나님께서 평소에 내게 하시는 많은 말씀들을 모두 흘려 버렸다. 하나님께서 내게 말씀하시는 것을 듣는 시간을 하루에 단 한 번 정해 놓았었다. 그러나 성경은 하나님께서 우리에게 말씀하시는 여러 가지 도구들 중 하나일 뿐이었다.
　하나님께서는 여러 가지 방법으로 여러 번 내게 말씀하시려 했지만 나는 그것들이 믿을 만하지 않다는 이유로 무시해 버렸다. 이러한 것들이 나를 성경에서 멀어지게 하고 성경을 더 이상 사모하지 않게 만들 것 같다는 생각이 들었다. 오직 책상 위에 성경을 펴 놓고 의자에 앉아 열심히 성경을 읽고 있을 때에만 하나님께서 내게 말씀하시기를 바랬다. 그렇게 들리는 하나님의 말씀은 개인적이지 않았으며 보통 성경에서 하나님이 그가 사랑하시는 이들에게 말씀하셨던 방법과는 매우 큰 차이가 있었지만, 매우 편리했다. 또한 학구적이고 지적인 나의 성격과 이성에도 딱 들어 맞았다.
　결국 언젠가 하나님께서는 옛 성서 시절에 그의 종들과 말씀을 나누셨던 것처럼 오늘날도 우리에게 직접 찾아 오셔서 말씀하신다는 사실을 알게 되었을 때, 나는 하나님의 지극히 나를 향한 개인적이고 친밀한 음성을 더 자주, 더 많이 듣게 되었다. 그리고 나와 하나님은 더욱 밀접하고 친밀한 관계를 형성하게 되었다. 이로 인해 하나님과 대화하는 시간이 정해 놓던 버릇은 사라지고 언제든지 하나님은 내게 말씀하시고 나 또한 그렇게 하고 있다. 그러면서 내가 발견한 하나님의 성품은 전혀 예측할 수 없다는 사실이다. 예전에는 그렇게 생각하지 않았었다. 하지만 하나님의 예측불허인 성품이 오히려 나의 신앙 생활에 활기를 불어 넣었고 더욱 재미있게 만들었다.

나는 어디를 가든지 종이와 펜, 그리고 가끔은 작은 녹음기도 가지고 다닌다. 잠이 들기 전에도 내 옆에 꼭 놓아둔다. 혹시 너무 강렬한 꿈을 꾸고 난 뒤 새벽에 눈이 떠지게 된다면 옆에 놓여 있는 종이에 모든 것을 적어 놓는다. 혹시 운전을 하다가 어떤 메시지가 떠오르면 곧장 녹음기에 녹음을 해둔다. 하나님은 일상의 자질구레한 일들을 틈타 우리에게 메시지를 주기도 하신다. 이 또한 빠뜨리지 말고 적어 두어야 할 사항들이다. 이러한 습관은 하나님이 우리에게 무엇을 말씀하시고자 하는지 잘 알 수 있도록 도움을 줄 준다. 가끔은 하나님께서 보여주신 일이 몇 개월부터 몇 년이 지나도 나타나지 않을 때가 있을 것이다. 마리아의 경우가 바로 그러했다.

목자들이 예수님의 탄생을 축하하러 온 자리에서 마리아에게 천사들이 아기 예수님의 생애에 대해 예견한 메시지들을 전했을 때 성경에는 "마리아는 이 모든 말을 마음에 지키어 생각하니라"(눅 2:19)고 기록하고 있다. 예수님이 12살이 되던 해에 무리에서 빠져 나와 삼일을 성전에 더 거하셨을 때, 그를 찾으러 온 마리아에게 예수님이 했던 변명은 사실 수수께끼같은 말씀이었다. 그러나 성경에는 마리아가 "이 모든 말을 마음에 두니라"(눅 2:51)고 기록하고 있다. 세월이 흐른 뒤, 너무나 큰 아픔을 이겨야 했던 그녀에게 마음속에 간직해온 말씀들이 힘이 되어 그녀를 붙들었다.

1990년도에 열렸던 컨퍼런스에서 폴 카인은 1960년 당시에 아직 태어나지도 않은 여자에 대한 계시를 받아 적어 놓은 노란 종이를 보여 그 자리에 있던 모두를 깜짝 놀라게 했다. 30여년이 지나도록 이루어지지 않는 계시를 계속 간직해 온 것이다. 그에게는 그녀를 곧 만날 수 있으리란 확신이 있었다. 그리고 캘리포니아의 에너하임에서 열린 그날의 컨퍼런스에 그녀가 있었다. 하나님의 계시는 너무나 딱들어 맞았다.

하나님께서 주시는 말씀을 기록하지 않는다면 그것은 곧 우리와 다른 이들에게 내려질 축복을 잃어버리는 것이나 마찬가지이다.

나는 하나님의 메시지를 흘려 버린 까닭에 많은 금전적 손해를 보는 낭패를 겪었었다. 언젠가 신경을 쓰지 않아도 할 수 있는 일을 하고 있는데 갑자기 내가 가지고 있는 주식에 대한 메시지가 떠올랐다. 그 메시지는 내가 가지고 있던 주식이 세배로 뛸 것이고 곧 그렇게 되는 즉시 팔아야 할 것이라는 내용이었다. 내용에 상관없이 분명 하나님께로부터 온 메시지라는 것을 확신했다. 그렇지만 잊지 않게 적어놓아야 겠다는 생각은 못하고 아내에게 달려가 이 사실을 알렸다. 얼마 후 주식 값이 세배로 뛰었다. 그렇지만 팔지 않았다. 벌써 그 메시지를 잃어버린 상태였기 때문이다. 또한 자신이 가지고 있는 주식이 엄청나게 오르고 있을 때 언젠가 멈출 거라고 생각하는 사람이 어디 있겠는가? 나는 아직도 그 주식을 가지고 있다. 주식 값은 내가 그 메시지를 들었을 때처럼 폭락한 상태이다. 주식 값이 폭락한 후에 아내에게서 내가 전에 신이 나서 해주었던 메시지 이야기를 들었다. 그 말과 함께 아내는 뭐든지 종이에 적어놓는 습관을 들이라는 잔소리를 빼놓지 않았다.

마음과 머리로 깨닫는 성경의 차이

모든 하나님께서 주시는 계시를 기록하고, 가장 중요한 세 가지 요소인 계시, 이해, 그리고 적용하는 과정을 잘 구별하는 것은 우리에게 큰 도움이 될 것이다. 그러나 큰 도움이 될 수는 있지만 하나님의 말씀과 의도를 이해하는 마음을 주장하기는 힘들다. 예를 들어 앞에서 말했던 예를 다시 살펴 보자. 하나님께서 그냥 간단히 '저혈압'이라고 말씀해 주셨다면 아무 문제가 없었을 것을 왜 '혈압'이란 단이민을 주셨는가? 혹시 내가 바보같은 실수를 하지 않았다고 하더라도 그리 쉽게 답을 구할 수 있는 질문이 아니다. 이 질문에 대한 답은 곧 하나님의 모든 계시를 이해할 수 있는 열쇠가 될 것이다.

나는 개인적으로 하나님께서 내게 '저혈압'이라고 말씀해주지 않은 이유는 내게 겸손함을 가르치기 위해서였다고 믿는다. 첫째, 하나님은 하나님의 계시를 이해하는 데에 있어서 내가 먼저 겸손하게 도움을 구하고 그분을 의지하는 법을 배우기 원하셨다. 둘째, 이를 통해서 당한 부끄러움은 오히려 나에게 이로운 사건이었다. 남들 앞에서 웃음거리가 된 일이 내게 이로운 사건이었던 이유를 설명해 보겠다.

"혈압"이라는 단어가 떠올랐을 때 나는 파도같이 밀려오는 기쁨을 느꼈다. 부분적으로는 사람들이 이런 나의 능력을 보고 얼마나 감동을 받을까 하는 자부심도 숨어 있었다. 이미 눈이 어두워진 나는 덫을 밟아버린 자신을 보지 못했다.

"지식은 교만하게 하며"(고전 8:1). 다른 사람들의 비밀을 꿰뚫어 보는 예언자나 풍부한 지식을 가진 지식인 모두, 사람이라면 교만이라는 시험 앞에 흔들림이 없을 수는 없다. 사람이 지식을 소유하게 되면 자기만족이나 남들의 부러움 앞에 느끼는 기쁨이 전혀 없을 수는 없다. 그러나 이러한 지식은 하늘에 계시는 우리 아버지를 감동시키지 않는다. 지식을 가지고 남들에게 뽐내기 보다는 예수님의 이름을 위해 사용하기 원하신다. 그러므로 하나님은 가끔 지식을 소유함으로 인해 오는 만족과 쾌감대신 부끄러움과 수치를 우리에게 허락하셔서 자기만족이라는 위험한 단계에서 벗어나도록 돕기도 하신다.

내 경우를 보면, 그 수모를 당한 뒤에 오히려 하나님께 되돌아가 내가 무엇을 잘못했는지 설명해달라고 구할 수 있었다. 결국은 성령님께서 그의 자녀들에 관련된 비밀을 드러내실 때에 교만하지 말라고 조용하게 경고하신 하나님의 뜻이었다는 사실을 깨달을 수 있었다. 하나님께서 불쾌하고 화난 마음으로 내게 벌을 내리신 것이 아니었다. 내게 허락하신 창피와 수모는 오히려 나를 사랑하시는 하나님의 크신 사랑과 내게 오로지 겸손함을 가르치시기 위해 분투하시는 아버지의 마음으로 행하신 것이었다.

순화작용이 있는 수모와 부끄러움에 관한 설명은 후에 자세하게 살펴보겠다. 사실 성경을 이해하는 데 도움이 되는 관주들이 많이 나와 있기는 하지만 수치와 수모를 통한 하나님의 연단에 대해 자세하게 다루는 책은 극히 드물다. 그 이유는 무엇인가?

　성경에 대한 이해를 돕기 위해 나온 대부분의 책들을 읽어 보면 성경을 이해하는 데 필수적인 조건은 마음을 어떻게 먹느냐에 달려 있다고 한다. 예를 들어 성경 원서의 언어를 알고 성경의 역사적인 배경과 문학적 구성, 그리고 체계적인 신학 이론 등을 잘 이해하는 것이 성경을 가장 잘 이해할 수 있는 열쇠라는 것이다. 간단히 말하자면 지식이 풍부한 엘리트가 되어야 한다는 말이다. 물론, 이러한 설명에 반기를 드는 사람은 없을 것이다. 그러나 이 모든 것이 곧 하나님과의 대화나 일대일의 친밀한 관계를 대신한다고 생각한다면 그것은 잘못된 생각이다.

　나의 견해가 어떤 오해를 일으키지 않기를 바란다. 지식층을 헐뜯고 모함하려는 의도에서 한 말이 아니기 때문이다. 지식은 그 자체만으로 우리에게 커다란 축복이다. 나 또한 언제나 성경관주, 성서용어 색인, 그리고 신학논문을 통해 많은 도움을 얻고 있기에 그 많은 서적들이 모두 지식층이 가지고 있는 지식에 대한 열의의 산물이란 것을 잘 알고 있다. 내가 반대하는 것은 그들이 아니라 성서적 지식이 풍부해질 때 생기는 교만과 자존심이다. 그리고 이러한 사람들이 성경을 가르치고 하나님의 말씀을 가르치며 하나님과의 친밀한 관계에 대한 방법을 가르치게 되는 경우에 국한한다. 지식이 풍부한 머리는 업적을 이루거나 연구를 할 때에는 매우 적합할지 모르나 하나님과 나와의 일대일 관계를 가르치기에는 많은 부족함이 있다.

　성경을 보면 하나님의 계시를 해석하는 책임을 가진 사람이 그의 계시를 이해하는 열쇠는 곧 그 마음에 있지 머리에 있는 것이 아니라고 나와 있다. 예수님이 사역하시던 시절의 종교지도자들은 누구보다도 성경을 열심히 공부했던 사람들이었다. 그러나 그들의 마음은 강퍅하고 교만해서 하나님의 말씀을 들을 수 없었다(요 5:37). 하나님께서 예수님께 모두에게 들릴 만한 음성으로 말씀하셨을 때 그 주위에 있던 이들은 자신들을 이롭게 할 하나님의 음성대신 천둥이 치는 듯한 소리만을 들을 수밖에 없었다(요 12:27-30). 우리의 마음이 올바로 서있지 못하다면 하나님께서 아무리 큰 소리로 말씀하신다고 해도 우리는 들을 수 없다.

바리새인들은 매우 명석하고 총명했을지는 모르나 교만한 사람들이었다. 그들의 교만은 성경과 예수님의 기적들 그리고 수많은 일들을 통해 말씀하시는 하나님의 목소리를 들을 수 없게 그들의 귀를 막았다. 이와 반대로 예수님은 항상 겸손하셨고, 이로 인해 한 번도 하나님의 음성을 놓치신 적이 없었다(마 11:29). 겸손함은 영리하고 세련되어 보이지는 않지만 언제나 하나님께서 말씀하시고자 하는 준비된 사람의 마음이며 그분의 음성을 들을 수 있는 자의 마음 상태이다. 하나님께서 인도하시며 가르치시기 원하는 사람은 겸손한 마음을 가진 사람이지 지식이 충만한 사람이 아니다(시 25:9).

겸손한 사람이 하나님의 음성을 듣고 이해하기 원할 때, 그에게서 나타나는 세 가지 행동 패턴이 있다.

겸손한 마음을 가진 이는
- 순종하기 원하며,
- 하나님과 친구가 되길 바라고,
- 기도하게 된다.

자원하는 마음으로 순종하기

종교지도자들은 도무지 예수님의 말씀이 곧 하나님의 말씀이라는 사실을 믿지 못했다. 이들을 이해시키기 위해 예수님이 말씀하셨다.

> "사람이 하나님의 뜻을 행하려면 이 교훈이 하나님께로서 왔는지 내가 스스로 말함인지 알리라."(요 7:17)

겸손한 사람은 하나님께 순종하기 원하는 사람들이다. 순종의 결과가 매우 견디기 힘든 것이라고 해도 말이다. 주님께서 원하시는 일이라면 순종하겠다는 마음을 가진 자들에게 주님은 말씀하신다. 그리고 이러한 마음을 가진 자는 주님의 음성을 듣고 이해할 수 있다. 불순종하는 자들에게 주님은 입을 굳게 다무신다.

하나님과 교제하기

겸손한 마음을 가진 사람은 하나님께 순종하는 것만으로 만족하지 못한다. 하나님과의 친밀한 교제를 갈망하게 된다. 겸손한 사람에게 있어서 하나님과의 깊은 교제는 무엇보다 소중하기에 하나님의 일을 하는 것보다 더 우선시된다. 더 놀라운 것은 하나님 역시 우리와의 교제를 원하고 계신다는 것이다.

주님은 그분의 비밀한 것들을 함께 나누고 공유할 수 있는 친구를 찾고 계신다. 아브라함은 하나님과 매우 친밀하고 깊은 관계를 쌓아갔고 이로 인해 하나님은 무슨 일이든지 아브라함에게 먼저 일러주신 후 역사하셨다(창 18:17). 이것이 바로 예언자적 삶을 사는 사람의 큰 바램이자 소망이라고 할 수 있다. 하나님의 계시를 사람들에게 전달하는 것보다 하나님과 깊은 교제를 나누는 것이 가장 큰 목표가 되는 것이다. 하나님의 계시를 듣고 이해하는 것 자체가 교제의 목적이 되어서는 안된다. 오히려 교제를 통해 그분과의 깊은 관계가 형성되고 이로 인해 신뢰가 쌓일 때 얻어지는 부산물이 되어야 한다.

예수님은 친구와 종, 둘 중에 어떤 사람을 원하실까? 당신이라면 어떤가? 당신의 발 밑에서 자신을 불러주기를 항상 기다리고 있는 종과 당신의 마음을 함께 나눌 수 있는 친구, 둘 중에 더 큰 기쁨을 줄 수 있는 사람은 누구일까?

예수님이 제자들에게 말씀하셨다: "이제부터는 너희를 종이라 하지 아니하리니 종은 주인의 하는 것을 알지 못함이라 너희를 친구라 하였노니 내가 내 아버지께 들은 것을 다 너희에게 알게 하였음이니라"(요 15:15). 하나님은 개인적으로 깊은 교제를 나눌 수 있는 친구를 찾고 계신다. 그렇다면 우리는 어떠한가?

친한 관계는 한 순간에 형성되는 것이 아니다. 깊은 관계를 맺기 위해서는 오랜 시간이 걸리며 때로는 아픔이 동반하기도 한다. 신뢰는 짧은 시간에 쌓일 수 없다. 그러기에 너 오랜 시간이 걸리기 마련이다. 서로에게 마음을 활짝 열고 있는 무방비 상태의 친구 사이에서는 다른 사람들이 낼 수 없는 종류의 큰 상처를 상대방에게 줄 가능성이 크다. 어쩔 수 없이 아픔이 따른다. 결코 쉽지 않은 하나님과의 교제는 사람으로 하여금 종의 자리를 고집하게 만드는 원인이 되기도 한다. 그러나 겸손한 사람은 이러한 아픔을 참고 견디며 신뢰가 쌓이고 깊은 교제가 이루어지기까지는 그만한 대가를 치뤄야 한다는 것을 알고 이를 감수한다.

누구보다도 이에 대해 잘 알고 있는 나도 사역을 하다 보면 다른 곳으로 빠지는 경우가 많다. 어떤 이는 하나님을 사랑하는 데 가장 방해가 되는 것이 바로 종의 입장에서 하나님을 대하는 것이라는 말을 했다. 그리고 그 말에 동감하는 나이기에 스스로 자신에게 자주 던지는 질문이 있다. 나는 주인과 종의 관계, 그리고 우정, 둘 중에 무엇을 원하고 있는가? 옆길로 새는 때는 바로 이러한 자각을 망각하고 있을 때이다. 그러나 그럴 때마다 나를 일깨워 주시는 분은 바로 하나님이다. 자꾸 수동적인 종의 자리에 서려고 하는 어리석은 내 모습에도 불구하고 하나님은 나와의 친밀한 관계를 포기하지 않으신다. 그분은 나를 그분의 좋은 친구로 삼기를 원하신다. 이런 하나님이 당신에게도 손을 내밀고 계신다. 당신과 깊은 교제를 나누기 원하신다.

기도

겸손한 사람은 기도하는 사람이다. 기도는 하나님의 말씀을 듣고 이해하기 위한 가장 실질적인 수단 중 하나이다. 하나님이 예레미야에게 "너는 내게 부르짖으라 내가 네게 응답하겠고 네가 알지 못하는 크고 비밀한 일을 네게 보이리라"(렘 33:3)고 하셨다. 우리가 모르는 "불가해한 것들"에 대해 하나님께 물어보라. 아니면 이로 인해 우리가 놓칠 수 있는 중요한 것들이 얼마나 많겠는가? 또한 하나님이 비밀한 것들을 말씀하시더라도 그 뜻을 묻고 구하지 않기 때문에 놓치고 있는 일들이 얼마나 많겠는가?

이스라엘이 70년 후에 망한다는 예레미야의 계시를 읽은 다니엘은 하나님께 기도했다. 그리고 하나님은 천사를 보내어 그 말씀의 "깊은 뜻과 이해"(단 9:22)를 도우셨다. 기도는 성경에 관한 보다 깊은 이해를 도우며 이해할 수 없는 환상과 꿈의 뜻을 깨우치게 한다.

예언자는 성경의 밖에서 보게 되는 하나님의 계시를 이해하는 은사를 받았다. 오늘날에도 요셉이나 다니엘같이 자신의 꿈은 물론 다른 사람들의 꿈까지 이해하고 풀이할 수 있도록 능숙하고 성숙하게 훈련된 선지자들이 존재한다. 어떤 이들은 남다른 은사를 가진 덕분에 큰 어려움 없이 하나님의 계시를 이해할 수 있다. 단, 성경의 예언자들을 보면 모두 하나같이 기도의 사람들이었다는 것을 알 수 있다. 다니엘도 그 중 한 사람이었다.

고레스 왕이 지배한지 삼 년째 되는 해에 다니엘은 너무나 혼란스럽고 두려운 환상을 본 나머지, 삼 주 동안 한탄하고 슬퍼하며 금식하고 기도했다. 금식 기도가 끝나는 삼 주째, 천사가 하나님의 말씀을 다니엘에게 전한다.

> "그가 내게 이르되 다니엘아 두려워하지 말라 네가 깨달으려 하여 네 하나님 앞에 스스로 겸비케 하기로 결심하던 첫 날부터 네 말이 들으신 바 되었으므로 내가 네 말로 인하여 왔느니라 그런데 바사국 군이 이십일 일 동안 나를 막았으므로 내가 거기 바사국 왕들과 함께 머물러 있더니 군장 중 하나 미가엘이 와서 나를 도와주므로 이제 내가 말일에 네 백성의 당할 일을 네게 깨닫게 하러 왔노라 대저 이 이상은 오래 후의 일이니라." (단 10:12-14)

성령의 목소리를 이해할 수 없을 때, 하나님의 뜻을 이해할 수 없을 때, 우리는 다니엘의 행동을 모범으로 삼을 수 있다.

다니엘서를 읽으면 기도에서 우러나는 겸손한 마음, 하나님과의 교제, 그리고 하나님께 자원하는 마음으로 순종하는 것 등 하나님의 말씀을 이해할 수 있는 열쇠가 되는 여러 가지 요소를 배울 수 있다. 다니엘 앞에는 너무나 황당한 환상이 펼쳐졌고, 스스로는 절대 이해할 수 없는 것이었다. 그러나 다니엘은 포기하지 않았다. 그는 하나님의 계시를 "깨달으려 결심했다"고 기록되어 있다. 그리고 하나님께서 이에 대한 설명을 허락하시기까지 금식과 기도를 멈추지 않았다. 금식과 기도는 하나님께 우리의 약함과 하나님을 의지할 수밖에 없는 우리의 모습을 고백하는 행위이다. 다니엘의 기도와 금식에 대해 천사는 다니엘이 하나님 앞에서 스스로를 겸비케 했다고 말한다. 그는 하나님의 "은총을 크게 받은 사람", 하나님과 깊은 교제를 나누는 사람이었다(단 10:19). 그리고 자원하는 마음으로 하나님께 순종하기 원했으면 어떤 대가를 치루더라도 하나님의 계시를 이해하고자 최선을 다하는 사람이었다.

하나님의 계시를 이해하기 위한 방법들 중 가장 확실한 방법은 바로 다니엘의 본을 받아 실천하는 것이라고 생각한다. 그렇지만 이러한 행위가 하나님의 계시를 이해할 수 있는 보증서가 되는 것은 아니다. 하나님과의 교제는 수학 공식처럼 딱 떨어지는 것이 아니다. 사실 우리는 그분의 원대한 뜻과 방식을 모두 이해할 수 없다. 우리가 알고 있는 것들도 극히 일부분에 지나지 않는다. 우리가 아무리 최선의 노력을 다한다고 해도 하나님께서 원하시지 않으면 우리는 그분의 뜻을 이해할 수도 깨달을 수도 없다. 그렇지만 이로 인해 실족하지 말자. 신비한 부분이 전혀 없는 삶에 무슨 매력이 있겠는가? 베일에 가려진 부분에 대해 불안해 하는 것은 어쩌면 당연한 일일지 모르겠다. 그러나 하나님께서 말씀하신다. "아무 것도 염려하지 말고 오직 모든 일에 기도와 간구로 너희 구할 것을 감사함으로 하나님께 아뢰라 그리하면 모든 지각에 뛰어난 하나님의 평강이 그리스도 예수 안에서 너희 마음과 생각을 지키시리라"(빌 4:6-7). 혹시 하나님의 음성을 듣고 이해할 수 없는 마음에 불안해진다면 이 말씀을 기억하고 마음의 평안을 얻길 바란다.

하나님이 상징적 표현을 사용하시는 이유

"예수께서 이르시되 내가 진실로 진실로 너희에게 이르노니 인자의 살을 먹지 아니하고 인자의 피를 마시지 아니하면 너희 속에 생명이 없느니라."(요 6:53)

좀 지나치다 싶을 정도의 상징적 표현을 하시는 하나님, 그 이유는 무엇일까? 예수님을 따르는 제자들은 이러한 예수님의 표현법이 불쾌했다. 요한복음 6:60에 보면 그들은 불만을 토로한다: "이 말씀은 어렵도다 누가 들을 수 있느냐?" 이 점이 바로 종교적인 사람들이 직면하게 되는 가장 큰 시험거리이다. 하나님을 사랑하기보다는 하나님을 이용하려는 태도, 그리고 그분의 존재를 따르기보다는 그가 우리에게 무엇을 줄 수 있는지를 따지는 것이다. 다신교도나 이교도가 그들의 우상에게서 바라는 바와 다를 것이 없는 크리스천의 모습이다. 예수님은 그분의 말씀을 듣기 위해 모인 사람들에게 양식을 제공하셨다. 그러나 그들에게 단순히 일용할 양식을 해결해 주는 존재로 남고 싶지 않으셨다.

예수님은 눈에 보이는 육의 양식을 향한 그들의 욕망에 대응하여 은유법이라는 충격 요법을 사용하셨다. 이를 통해 그들이 가지고 있는 예수님에 대한 기대가 너무 작고 보잘 것 없다는 사실을 암시하셨다. 예수님은 우리에게 육적인 생명을 지속시키시는 생명의 양식은 물론 영원한 생명을 주는 영의 양식이 되신다. 예수님의 충격적인 은유법은 기적의 겉표면만 보는 육적인 사람들에게 빵과 고기 이외의 더 깊은 것들을 보도록 하기 위해 사용되었다.

"내가 너희에게 이른 말이 영이요 생명이라"는 예수님의 말씀에서 그분의 말씀을 문자 그대로, 액면 그대로 알아 듣지 말라는 뜻을 읽을 수 있다(요 6:63). 만약 예수님을 따르던 그 많은 무리들이 모두 끝까지 예수님과 함께 했더라면 이렇게 강렬한 은유법이나 어려운 상징적 표현들이 곧 예수님에 대해 불순한 의도를 가지고 접근하는 이들의 노력이 헛되다는 것을 말씀하신다는 사실을 알 수 있었을 것이다. 그러나 그들은 예수님의 말씀을 듣고 느끼는 낭패감과 욕구불만을 감당할 수 없었다. 결국 많은 이들이 하늘의 양식을 뒤로한 채 세상의 육적인 양식을 향해 달렸다.

군중의 주위를 맴돌다 예수님께서 자신이 "하늘의 양식"이라고 하시는 것을 들은 유대인 종교자들은 매우 불쾌했고 못마땅했다. 유대인 종교 지도자들은 하나님을 사람의 지식과 수양, 그리고 전통이라는 수단을 통해 섬기려고 한 낙오자들이다. 이러한 그들의 고집과 교만 때문에 하나님의 마음이 상했고 이로 인해 하나님은 그들의 교만한 머리로는 이해할 수 없는 영적인 말씀을 하신다. 육적인 눈으로 볼 수 없도록 교만한 사람들로부터 하늘의 비밀을 감추시는 것이다.

지식적으로나 종교적으로 교만한 사람의 머리로는 도저히 그 뜻을 이해할 수 없도록 주님은 성령님께 모든 열쇠를 감추어 두셨다. 때문에 지식에 사로잡혀 사는 사람들에게 언뜻 듣고 이해할 수 없는 종류의 하나님 말씀은 자신의 박식함을 모독하는 것이기에 불쾌할 수밖에 없다.

예수님의 열 두 제자들 역시 다른 무리의 제자들과 마찬가지로 주님의 말씀이 전혀 이해가 가지 않았다. 그러나 이로 인해 못마땅해 하거나 불쾌해 하지 않았다. 극단적이고 부드럽지 못한 표현법을 쓰시는 데에는 어떤 이유가 있을 것이라고 믿었다. 그리고 그 이유와 목적을 이해하기 위해 그들은 끝까지 주님 곁을 떠나지 않았다.

하나님이 사용하시는 상징적 표현법과 은유법의 목적과 의도를 간략하게 설명하자면, 곧 이로 인해 교만한 자에게는 진리가 보이지 않게, 겸손한 자에게는 가장 비밀한 것들을 깨달을 수 있게, 그리고 하나님을 사랑하기보다 그분을 이용하고픈 유혹 앞에서 망설이는 이들에게는 경종을 울려 되돌이킬 수 있도록 돕기 위해 하나님이 사용하시는 한 가지 수단이다.

하나님이 사용하시는 상징적 표현과 은유법은 우리의 감정선을 자극한다. 특히 꿈이나 환상은 상징적이고 말로 설명하기가 힘들다. 별 다른 특색 없는 경고에 귀를 기울이기란 힘들다. 그러나 상징적 표현과 혼동스러운 의미로 가득 찬 꿈과 환상을 통한 경고는 우리를 두렵게 하고 권태와 무감각에 빠진 우리의 영혼을 흔들어 깨운다(욥 33:15-18). 나 역시 하나님의 말씀을 전하는 사람으로서 모든 이들에게 우리의 일시적인 기분이나 감정에 얽매어 살아서는 안된다고 설교한다. 그러나 설교를 할 때마다 그날의 감정 상태에 따라 많은 차이점이 생긴다는 것을 부인할 수 없다. 왜냐하면 기분이나 감정이 우리의 행동과 실천 패턴을 조절하는 것은 사실이기 때문이다. 하나님께서는 그림이나 상징적인 것들을 통해 우리의 감정을 고조시켜 그분의 경고를 무시할 수 없는 상태로 만드신다.

그렇다고 하나님의 모든 경고가 우리에게 두려운 감정을 안겨주는 수단을 통해 오는 것은 아니다. 어떤 경우에는 우리의 밝은 미래를 보여주심으로 인해 우리가 지금 이대로 간다면 어떤 것을 잃게 되는지 깨닫게 해주시기도 한다. 우리 교회의 한 젊은이에게 온 하나님의 경고가 이와 같았다.

그는 굉장한 바람둥이에 매우 방종한 삶을 사는 사람이었다. 자신과 비슷한 비도덕적이고 방탕한 여자들에게 둘러 싸여 헤어나지 못하고 있었다. 그런 그에게 훈계를 한 사람은 나 이외에도 여러 명이었다. 그러나 그는 한 귀로 듣고 한 귀로 흘리는 듯했다. 이제는 하나님이 나서실 차례였다. 머리에 확 박힐 만큼 직접적인 충격요법, 바로 꿈이었다.

꿈 속에서 그는 결혼한 사람이었고 아름다운 아내의 출산을 지켜보고 있었다고 한다. 곧 귀여운 사내아이가 태어났고 그 아이를 팔 안에 품었다. 그의 가족들이 그를 둘러싸고 함께 기뻐하고 있었다. 그는 너무나 사랑스러운 아기를 안고 기쁨에 못 이겨 넘치는 행복감을 만끽했다. 잠에서 깨어난 뒤에도 그 꿈은 너무나 생생하게 살아 있었고 그 속에서 느꼈던 기쁨 역시 그를 들뜨게 했다. 그때 그는 깨달았다.

하나님께서 그에게 미래를 보여 주신 것이다. 하나님의 축복이 가득한 완벽한 결혼 생활이 그를 기다리고 있었다. 이를 통해 그는 자신의 현재 모습을 되돌아 보고 자신의 행동에 대한 무거운 책임감을 느꼈다. 그가 만나던 방탕한 여인들은 그의 미래와는 완전히 무관했고, 이를 깨닫는 순간 그는 그들과의 관계를 깨끗이 단절했다.

그가 꾼 꿈은 미래에 대한 하나님의 계시가 있었으나 결코 이해하기 힘든 상징적인 요소들이 없었다. 매우 이해하기 쉬운 종류의 꿈이었다. 그렇다면 이해하기 힘든 종류의 꿈이나 환상을 보았을 경우에는 어떻게 해야 하는가? 어떻게 이해하고 받아들여야 하는가?

상징적 표현을 어떻게 이해해야 하는가

예수님께서 자신의 살과 피를 마시라고 말씀하셨을 때 열 두 제자들이 보인 반응은 다른 무리들과는 달랐다. 많은 사람들이 주님의 말씀을 듣고 발길을 돌린 반면 열 두 제자들은 주님과 대화를 나누면서 주님이 하신 말씀을 설명해 주시기를 기다리며 그분 곁에 머물렀다. 오늘날 우리도 마찬가지다. 우리는 기도를 통해 주님 곁에 머무르며 그분과 대화하고 그분의 답을 기다린다.

지금부터 하나님이 주시는 상징적 표현을 보다 잘 이해할 수 있는 실질적인 방법들을 제시하려고 한다. 그러나 이 모든 방법들은 기도를 통해 이해하는 방법과는 비교도 되지 않을 만큼 보잘 것 없다는 사실을 고백한다. 상징적 표현을 쓰신 본인인 하나님과 대화를 하여 그 뜻을 아는 것은 누가 뭐라 해도 최선의 방법이다.

사실 성경이나 신앙생활을 하는 중 여러 경험을 통해 알게 되는 많은 상징들을 보면 일관성을 쉽게 찾을 수 있다. 그러나 꿈과 환상을 통해 본 말로 표현할 수 없는 여러 가지 상징들을 딱히 설명해줄 만한 경험이나 지식이 우리에게는 없다. 왜냐하면 똑같은 상징이라고 해도 상황이나 분위기에 따라 그 뜻하는 바가 다를 수 있기 때문이다. 아기를 상징적 표현으로 놓고 생각해보자. 어떤 상황에서 아기는 매우 많은 가능성을 가진 목회의 시작을 뜻할 수 있다. 또 다른 상황에서 아기는 약함과 미숙함을 뜻할 수도 있다. 그러므로 상황과 분위기를 파악하는 것은 올바른 해석을 하는 데 중요한 열쇠가 된다. 성경과 최근 겪었던 경험을 들추어 보는 것도 도움이 될 것이다. 그러나 이 두 가지 방법 모두 사람, 장소, 그리고 사건 등 많은 뜻을 적용시킬 수 있으니 정확한 답을 얻기 힘들다.

성경에는 문자 그대로 이해할 수 있는 것과 상징적인 설명이 많이 나와 있다. 예를 들어, 보라색은 왕권을 상징하기도 하고, 파란색은 천국과 계시를 상징하기도 한다. 여러 식물과 동물들 역시 상징적인 작용을 한다. 여우는 약삭빠름이나 작지만 해로운 영향을 주는 것들을 상징한다. 독사는 신앙에 해로운 독과 같은 것, 또는 뒷공론을 상징한다. 우리 신체 부분들도 상징적인 의미로 많이 사용된다. 오른 손은 힘을 의미한다. 우리 주위에 있는 거의 모든 것들은 상징적인 의미로 사용될 수 있다. 좀 더 예를 들자면 포도주는 기쁨을 의미한다. 바람은 성령을 묘사하며(요 3:8)—또는 심판을 의미하기도 한다(왕상 19:11)—금, 은, 보화들은 귀중하고 보기 드문 것을 상징한다.

그렇다면 이렇게 많은 의미들 중에서 올바른 이해를 할 수 있는 방법은 무엇인가? 성경에서 용어 색인을 찾아 보자. 요즈음은 컴퓨터 소프트웨어로 된 성경이 많기 때문에, 단어 하나만 쳐 넣으면 이와 관련된 많은 성경의 사건들이 화면에 쏟아져 나온다. 그 사건들의 전후 문맥을 잘 살펴보라. 이를 통해 몇 가지 가능성 있는 상징적 의미들을 추려낼 수 있을 것이고, 이를 계속해서 살펴보면 그 중 하나가 자신이 본 꿈이나 환상과 들어맞는 것을 발견할 것이다.

　성경 대신 자신이 처한 상황의 앞뒤 맥락에 비추어 상징적 표현들을 이해할 수 있을 때도 있다. 이럴 때에는 평범한 것에서부터 시작하여 상징적 의미와 관련된 해석들을 찾는다. 예를 들어, 비행 조종사의 실수로 자신이 탄 비행기가 추락하는 꿈을 꿨다. 하지만 이를 이해하기 위해서 비행기에 관한 과학적인 지식들이 필요한 것은 아니다. 비행기와 관련지을 수 있는 것들이 무엇인가? 교통 수단, 빠른 것, 그리고 높은 하늘을 나는 것 등이 제일 먼저 떠오르는 것들이다. 비행기는 당신이 몸담고 있는 사역을 의미하며 빠른 속도로 성장하고 있음을 의미할지도 모르며, 비행기의 추락과 조종사의 실수는 그 사역을 담당하고 있는 지도자들의 미숙함으로 인해 사역이 처하게 될 위험을 알리는 것일 수도 있다. 결과적으로 당신은 이 꿈 때문에 자신이 속한 사역의 지도자들을 위한 기도를 하게 된다.

　주님이 주신 상징에 대한 우리의 생각과 감정 또한 매우 중요하다. 왜냐하면 하나님께서는 우리에게 잘 전달될 가능성이 큰 상징을 보이시기 때문이다. 비행기가 뭔지도 모르는 외딴 곳에 사는 사람에게 하나님이 비행기를 상징적인 소재로 주실 리 만무하지 않은가?

　꿈이나 환상을 이해하기 위한 방법이 또 하나 있다. 바로 두드러지게 나타나는 세부 사항에 주목하라는 것이다. 이러한 사항들은 주로 계시를 이해할 수 있는 실마리가 되기 때문이다. 그러나 모든 세부 사항들을 붙잡는 것은 그리 바람직하지 못하다. 꿈이나 환상의 앞뒤 맥락이 이와 관련된 부분들을 짚어내도록 하자. 몇 년간 계속 주님이 주시는 꿈과 환상을 기록하면, 자신만이 이해할 수 있는 개인적인 꿈 해석 용어들을 가지게 된다.

위에 적어 놓은 상징적 표현을 이해하는 모든 방법들이 조금이라도 기도의 필요성을 소홀하게 하거나 부정하게 해서는 안된다. 하나님의 말씀을 이해하기 위해서는, 그것이 성경적 배경이나 꿈, 그 무엇이든 간에 기도가 빠져서는 안되며, 이 영역에 있어서 많은 것을 알고 있는 이들과 의논하고 현재 나와 있는 학문적인 자원을 한껏 활용해야 한다. 계시를 이해하는 데 있어서 우리가 가지고 있는 지식적인 능력보다는 좋으신 하나님께서 명확하게 보여주실 것이라는 자신감이 근본적으로 우리 마음에 충만해야 한다.

이렇듯 상징적 표현을 이해하는 방법에 대해 길게 설명한 이유는, 꿈이나 환상을 보았을 때, 이것이 상징적인 표현임에도 불구하고 액면 그대로를 받아들여 이를 잘못 이해하는 경우가 많기 때문이다. 예를 들어, 심장 발작은 영적인 공격에 대한 상징적 표현으로 많이 쓰인다. 또한 휠체어는 영적인 무감각 상태를 상징하는 데 자주 쓰인다. 당신이 아는 지도자 한 사람이 꿈에서 아주 유명한 TV 프로그램에 나왔다. 이는 그 지도자가 실제로 TV 프로그램에 나온다기 보다는 그의 사역이 많이 알려지게 될 것을 의미할 가능성이 크다. 자동으로 상징을 해석하거나 문자 그대로의 표현과 상징적 표현을 확실하게 구분지을 수 있는 법이 정해져 있는 것은 아니다. 계속해서 기도하고 연습하여 깨닫는 것 외에는 방법이 없다.

또한, 꿈이나 환상에 나타나는 부정적인 사건들은 대부분 경고를 뜻하지만, 교훈은 이와 다르다. "사람이 침상에서 졸며 깊이 잠들 때에나 꿈에나 밤의 이상 중에 사람의 귀를 여시고 인치듯 교훈하시나니 이는 사람으로 그 꾀를 버리게 하려 하심이며 사람에게 교만을 막으려 하심이라"(욥 33:13-18). 이러한 꿈은 우리에게 우리의 마음과 행동을 회계하지 않을 때 어떤 일이 일어나게 되는지 경고한다. 또한 이런 꿈을 꾸는 당시에 당신은 아무런 죄도 짓지 않은 상태일 수도 있다. 이러한 꿈은 사탄이 우리를 공격하려는 계획을 가지고 있다는 경고와 함께 이를 위해 기도하여 재난을 피할 수 있도록 격려하시는 하나님의 뜻일 때도 있다. 하나님께서 특별히 다른 길을 보이시지 않는다면 나는 부정적인 꿈을 꿀 때 위와 같이 이해하게 된다. 마지막으로 꿈을 이해하는 방법을 하나 더 설명하고 싶다.

악몽

그녀는 기관총으로 계속해서 난사당했다. 자신의 살을 파고드는 총알 하나 하나를 느낄 수 있었지만, 쓰러질 수가 없었다. 발포되는 힘이 그녀의 몸을 붙들고 서있는 듯했고, 죽고 싶어도 죽을 수 없었다. 총알은 계속 그녀의 몸속을 파고 들었다. 예언의 꿈을 꾸기 시작한지 얼마되지 않은 리사는 계속해서 이런 종류의 꿈을 꾼다고 호소했다.

모든 예언자적 사역에 몸담은 사람들은 괴로운 꿈의 표적이 된다. 이러한 꿈들은 계시를 포함하고 있다. 그 꿈들은 진짜같고 분명하나, 꿈을 꾸는 사람이 제일 두려워하는 소재들이 등장하기도 한다. 자신의 외모가 망가지고 있다고 생각하는 사람은 남편이 다른 여인에게 이끌리는 꿈을 꾸게 된다. 꿈이 너무나 생생하여 자포자기할 수도 있다. 꿈 때문에 남편에게 이유없이 화가날 수도 있다. 이런 꿈은 사탄으로부터 비롯된다. 그는 속이고 거짓말하는 데 선수이며, 하나님께서 말씀하시는 방식을 흉내내기 좋아한다(본서 제8장을 참고하기 바란다).

또 다른 경우에는 우리 자신이 이러한 악몽의 원천이다. 잠들기 전에 한 일이 꿈에 영향을 미친다. 걱정하며 잠들었을 때는 그 문제에 관련된 부정적인 꿈을 꿀 가능성이 높다. 자기 전에 본 영화, 특히 무서운 영화라면 악몽을 꿀 가능성이 높다. 자기 전에 너무 많이 먹은 술이나 음식 또한 꿈에 영향을 준다. 또한 자기 전에 복용한 약도 꿈에 영향을 미친다.

그렇다면 진짜 경고가 담긴 꿈과 단순한 악몽을 구분할 수 있는 방법은 무엇인가? 첫째, 자기 전에 한 일과 꿈에 어떤 관련 사항이 있는지 살핀다. 둘째, 우리가 평소 두려워하던 것이나 걱정하던 일들과 관련이 있는지 살핀다. 두려움과 걱정은 사탄의 거짓 속임수가 파고 들어오기 좋은 틈새가 되기 때문이다. 셋째, 꾼 꿈으로 인해 기도나 회개도 아무런 소용이 없으리라는 절망이 생겼는지 살핀다. 절망과 비난은 그 배후가 사탄임을 드러내는 표시가 된다. 하나님께 계속해서 무엇이 주님에게서 난 것이고, 무엇이 우리에게서 났으며, 무엇이 사탄에게서 온 꿈인지 분별할 수 있는 능력을 달라고 간구하자.

리사가 처음으로 계시가 담긴 꿈을 꾸기 시작했을 때, 거의 매일 밤 악몽에 시달렸다. 6주 동안 계속해서 지켜만 보던 중에 드디어 무엇이 잘못되었는지 알 수 있었고, 그 후 매일 밤 잠자리에 들기 전, 우리는 함께 하나님께 기도드렸다. 그녀의 꿈을 사탄이 지배하는 일이 없도록 도와달라고 간구했다. 악몽이 사라졌다. 이따금 괴로운 꿈을 꾸기도 하지만, 이는 예언자적 삶을 사는 사람으로서 어쩔 수 없이 치러야 하는 대가의 일부분이기 때문이다.

예언자라고 아무런 문제없는 세상에 사는 것이 아니다. 그들은 거짓과 진리가 혼합되어 있고, 천사와 사탄이 교차하는 길의 영역 안에 있다. 혼동과 명료하지 못한 사건들은 그들의 삶의 일부이다. 왜냐하면 너무나 빨리 지나간 환상이나 거의 기억이 나지 않는 꿈이 바로 누군가를 구할 수 있는 열쇠가 될지도 모른다는 것을 잘 알고 있기 때문이다. 모든 은사들을 살펴보아도 예언자와 같이 취약한 경험을 바탕으로 일해야 하는 은사는 없는 것 같다. 그 어떤 사역을 하려 해도 예언자적 사역과 같이 배우기 힘든 일은 없을 것이다. 이는 과학이라기 보다는 예술에 가깝다. 그러나 이는 모든 은사 중에서도 가장 귀한 은사이다. 모든 영적 은사를 제치고 사도 바울이 손꼽아 교인들에게 사모할 것을 강조한 은사가 바로 예언의 은사이다(고전 14:1, 39).

성령님께서 사용하시는 예언의 언어들을 이해해 가는 데 있어 인내심을 가져야 한다. 겸손하게 기다리는 것이 지식을 통해 하나님만이 드러내실 수 있는 것들을 찾아 헤매는 것 보다 중요하다. "지각을 사용하므로 연단을 받아 선악을 분변하는 자들"(히 5:14, NASB)이 받는 상급은 곧 깨달음이다.

6
치우치지 않는 예언자

미친 사람들이라고 모두 정신 병동에 있는 것은 아니다. 이중 많은 이는 자유롭게 돌아다니고 있으며, 예언자 행세를 하고 있기도 하다. 그러나 진짜 예언자들 역시 정신 이상을 판단하기 어려울 만큼 열광적인 모습을 가지고 있기에, 예언자 행세를 하는 사람들이 의심받지 않고 활개치고 다닌다.

이는 오늘날의 예언자들에게만 적용되는 것이 아니다. 성경에 기록되어 있는 예언자들도 마찬가지이다. 만약 예레미야 선지자가 오늘날 있었다면 교회에 나가는 많은 교인들이 그에게 우울증 치료제인 '프로잭'(Prozac)과 장기간에 걸친 상담치료가 필요하다고 생각했을 것이다. 성경에 나오는 예언자들도 자신이 불행하다고 느끼며 분노하는 모습을 번번히 보였고, 거기다가 매우 이상한 행동들을 하기도 했다. 예레미야는 비싼 아마포(linen)로 된 벨트를 사서 땅에 묻고, 후에 이를 파서 내보이며 나라를 향한 메시지라고 선포했다. 호세아는 창녀—영화에서처럼 몸은 더럽지만 마음씨가 천사같고 고귀한 성품을 가진 창녀가 아닌, 여러 남자의 아이를 낳고도 태연하게 살아가는 철면피같은 여자—와 결혼했으며, 높은 학식을 겸비하고 있던 이사야 선지자는 벌거벗은 모습으로 3년을 돌아다녔다. 만약 이사야 선지자가 오늘날 우리 교회에 있다면 어떤 취급을 받았을까?

이렇게 기괴하고 별난 선지자들의 기록이 성경에 있음에도 불구하고 오늘날 우리가 태연할 수 있는 것은 바로 이러한 사람들이 우리 교회안에 존재하고 있지 않기 때문이다. 다행히도 우리가 보고 겪을 수 없는 성경속의 옛날 이야기인 것이다. 또한 교회에서 제일 읽혀지지 않는 책이 바로 성경이라는 것도 한 이유이다. 이 말은 곧 우리가 얼마나 성경에 기록되어 있는 낯설고 이상한 사실들을 알지 못하고 있는지를 뜻하고 있다.

그러나 단지 오늘날 교회가 성경을 읽지 않거나 성경에 대해 무지하기 때문에 성경에 나오는 괴상한 예언자들의 행동에 신경을 쓰지 않는 것은 아니다. 거기에는 예언자들의 적합하지 않은 행위와 품행을 뒷받침하는 신학적인 이유도 있다. 그들의 미치광이같은 행동이 최종적으로 정당화되는 이유는 바로 그들의 행동 뒤에 계신 하나님때문이다.

하나님이 바로 예레미야, 호세아, 이사야, 그리고 많은 이들에게 이렇게 이상한 행동들을 요구한 분이시다. 이사야가 벌거벗고 돌아다닌 것도, 아브라함이 하나밖에 없는 아들을 죽이려 했던 일까지도 우리에게 은혜가 되는 것은 바로 그 일을 시키신 분이 하나님이기 때문이다. 그러나 여기서 우리는 이러한 일을 시키신 하나님을 생각하며 마음이 불안해진다. 그리고 그 불안을 떨쳐 버릴 수 있는 방법은 하나님은 성경시대 이후로 더 이상 우리에게 직접 명령하시지 않았다거나 하나님이 이제는 그런 이상한 명령들을 하지 않으실 것이라고 믿는 것밖에 없다. 그러나 만약 당신이 그렇게 믿는 사람이었다면 이 책을 읽고 있지도 않았을 것이다. 당신은 하나님이 오늘날에도 우리에게 직접 말씀하시며, 자신에게도 이렇게 이해할 수 없는 일들을 명령하실지 모른다고 믿는 쪽에 가까운 사람일 것이다. 그러나 겸손과 지혜, 그리고 조심성 없이 이러한 믿음을 키워 간다면 하나님이 당신을 위해 예정하셨던 일이 아닌 엉뚱한 분쟁과 근심으로 걸어들어가기 쉽다.

예언자적 과대망상증

예언자적 사역을 시작했을 즈음, 자신이 예언자라고 생각하는 한 젊은 청년을 만났다. 길을 걷고 있던 그 청년은 죽어 있는 지렁이를 발견했다. 그는 지렁이를 보자마자 하나님께서 자신에게 지렁이에 대한 말씀을 하시고 있다고 생각했고, 죽은 지렁이를 집어들고 지렁이를 위해 기도하면 하나님이 지렁이를 살려 주실 것이라고 믿었다. 그러나 지렁이는 되살아나지 않았다. 살아나지 않는 지렁이를 놓고 주춤한 그에게 새로운 생각이 떠올랐다. 하나님께서 그에게 지렁이를 편지 봉투에 넣어 꽤 이름이 알려진 크리스천 운동의 리더들 중 한 사람에게 전하라고 말씀하시고 계셨다!

로버트는 하나님이 왜 이런 일을 시키시는지 이해할 수가 없었다. 그러나 하나님의 사명을 받들고 나아가는 사람이라는 자부심이 치솟았다. 그가 죽은 지렁이를 전하러 사무실 문을 들어섰을 때 어떤 대우를 받았을지는 보지 않아도 알 수 있다. 로버트는 아랫사람들이 자신을 냉대하는 것은 그들이 속으로 그를 질시하며, 그가 그들이 따르고 있는 리더와 이야기를 나누면 그들보다 더 리더와 가까운 사이가 될까 두려워 하기 때문이라고 생각했다. 로버트가 리더에게 죽은 지렁이를 건넸을 때 그는 지렁이에게나 이 엉터리 예언자에게나 합당한 조처를 취했다. 지렁이는 쓰레기통으로 던져졌고, 로버트에게는 감사하다는 말과 함께 잘 가시라는 말을 건네고 돌아섰다.

    로버트는 그 리더를 따르는 타락한 무리들 때문에 사무실에 사악한 영들이 찼기 때문에 지렁이를 통해 그 운동에 함께 참여할 수 없게 된 것이라고 확신했다. 그는 자신의 이상한 행동과 사람들이 보인 거부감을 연결시킬 수 없었다. 어찌됐든 자발적으로 죽어서 썩어가는 지렁이를 선물하려 했던 행동은 벌거벗은 모습으로 다니는 노출증 예언자에 비하면 아무 것도 아니지 않은가?

    얼마동안 그와 동행하며 이와 같은 일들이 계속해서 반복되는 것을 보았다. 그는 이상한 행동으로 인한 실패를 통해 무언가를 깨닫고 배우기보다, 마음대로 해석하여 합리화시키는 데 바빴다. 그에게만은 항상 자신이 하는 사역이 거절당할 것이란 사실을 하나님이 말씀해주셨다. 또 성경에 나오는 이상한 사건들과 하나님께서 거절당할 것이라고 예언자들에게 말씀하셨던 부분들로 철저히 무장한 그는 언제나 자신의 비사교적인 행동을 합리화시켰고, 실패의 요인을 다른 사람에게서 찾고 비난하기에 바빴다. 언젠가는 한 교회 전체를 성령의 선물에 관해 완전히 흥미를 잃게 하고, 예언의 은사를 경멸하고 혐오하게 만든 일을 한 적도 있다.

    불행히도 로버트는 예언자가 아니다. 그는 허구와 거짓으로 가득하여 예언자를 가장한 사람이다. 여러 리더들이 이러한 사실을 그가 볼 수 있도록 도왔지만 아무도 그를 이해시킬 수 없었다.

잠언에 보면 어리석은 사람의 미련함은 고쳐질 가능성이 없다고 나와 있다(잠 27:22). 너무나 어리석은 사람은 성경에서 자신이 지은 잘못과 말도 안되는 행동, 부패 양상을 정당화시켜 줄 구절을 항상 찾아낼 것이다.

다행히도 예언자적 사역을 하며 로버트처럼 고립되고 편협한 사람은 한 두 사람 정도였다. 그러나 로버트의 예를 마음속의 경계로 삼아 성경의 예언자들을 통해 우리의 행동이 옳다는 것을 증명하기 전에 성경에서 예언자들이 하나님의 음성을 어떻게 듣고 행동했는지에 대해 기억해야 한다. 하나님이 아브라함에게 이삭을 바치라고 하셨을 때나 호세아에게 고머와 결혼하라고 하셨을 때, 아브라함과 호세아에게는 하나님의 목소리를 정확하게 들었는지 여부는 문제가 아니었다. 그들은 하나님의 음성을 정확하게 들었고, 그 음성에 어떻게 순종할 것인가가 문제였다. 우리 역시 어떤 이상한 행동을 해야 할 때, 특히 그 일이 누군가를 힘들게 할 수 있는 일이라면 더더욱 그 이전에 확실한 하나님의 명령을 듣고 그 말씀대로 순종해야 할 것이다.

가끔 하나님께서는 정통적이지 않은 생소한 일을 하신다. 이러한 하나님께 순종하는 데에도 옳고 그른 방법들이 있다.

하나님께만 영광 돌리기

하나님께서는 예언자들 안에 있는 성령을 통해 그들에게 보이고자 하는 장소로 이끄셨다. 그리고 성령님이 직접 육체를 들어 다른 장소에 떨어뜨린 일도 있었다(왕상 18:12, 행 8:39). 요즘 세상에 이러한 이야기는 뉴에이지에서나 떠드는 정신 세계로의 여행처럼 들릴 것이다. 그러나 성경은 우리에게 하나님은 이렇게 생소한 일들을 하신다고 가르치고 있다. 예를 들어, 당나귀가 말을 한다(민 22:21-30). 그리고 사도 바울의 손수건 이야기도 있다. 사람들이 그의 손수건을 귀신들린 사람에게 흔들어 보였을 때, 귀신이 나갔고 그 사람은 치료되었다(행 19:11-12). 이 일들 모두 실제 있었던 일이며, 이 일들을 행하신 분은 바로 하나님이시다.

하나님은 왜 이런 일들을 하시는 것일까? 종교적으로 모든 것을 알고 있다고 자부하는 이들을 꺾으시기 위해, 또는 교만한 이들을 꺾으시기 위해, 그리고 우리가 알지 못하는 하나님만이 알고 계시는 수많은 이유 때문이다. 요지는 곧 성경의 시작부터 끝까지 하나님은 우리가 다 이해할 수 없는 매우 낯선 일들을 하신 분이라는 것이다. 성경시대 이후로 하나님이 우리의 취향에 맞추어 그분의 행동 패턴을 바꾸셨다고 보는 것은 너무 어리석은 생각이다. 하나님은 오늘날에도 계속 그분의 방식대로 일하시는 분이시고, 이 때문에 우리에게는 많은 의문이 생기게 된다.

우리에게 익숙치 않은 하나님의 방식을 대했을 때, 우리는 어떠한 반응을 보여야 하는가? 그러한 경험을 하게 하시는 하나님께 영광을 돌려야 할 것이다. 그러나 불행하게도 많은 교회에서는 그러한 경험 자체를 중시한다.

최근에 참석한 모임에서 하나님께서는 눈에 보이는 현시로 자신의 존재를 드러내셨다. 다섯 사람의 간증으로 모임의 첫 순서를 시작했다. 처음 네 사람은 하나님을 만나 자신들의 삶이 바뀐 것을 간증하며 이를 통해 경험한 육체적인 놀라운 현상들을 자세히 이야기했다. 다섯번째는 젊은 여자였는데, 그녀는 자신의 삶이 하나님을 통해 변한 것을 말하며 아직은 육체적으로 경험한 것은 없다고 고백했다.

사회자가 앞에 앉아 있는 몇 천 명의 관중들을 향해 말했다. "여러분, 보시다시피, 하나님을 경험하기 위해서 꼭 눈에 보이는 육체적인 경험이 필요한 것은 아닙니다." 그리고는 강단에 모여 그녀를 위해 한창 기도가 진행중일 때 사회자가 말했다. "하나님이 아직도 당신에게 임하시지 않는군요." 그의 말에 관중들은 그녀의 몸이 흔들리거나 하나님의 임재로 인해 뒤로 넘어가기를 기대하며 환호했다. 그러나 그녀에게는 아무 일도 일어나지 않았다.

물론 사회자가 의도한 것은 아니지만, 그의 마지막 말에는 만약 몸이 떨리는 육적인 경험을 하지 못한다면, 하나님의 능력을 받은 것이 아니라는 뜻으로 관중에게 전달되었다. 그는 하나님께로 돌아갈 영광을 하나님의 임재로 인해 일어나는 몸의 현상에만 국한시켰다. 이러한 일을 범하는 것은 마치 크리스마스에 받은 커다란 선물의 포장지를 뜯고, 그 안의 내용물은 보지 않고 화려한 선물포장지만 보고 좋아하는 것같다. 하나님이 우리에게 임재하실 때 주시는 떨리는 육체적 경험은 하나님의 임재를 감싸고 있는 포장지일 뿐이다. 바로 하나님 자체가 그 화려한 포장지 안에 있는 선물이다. 여기서 결정적으로 중요한 것은 바로 하나님이 임재 그 자체일 뿐, 그 임재가 증명되는 방법이 아니다.

그 사회자는 자신이 하나님보다 몸이 떨리는 경험 자체에 영광을 돌리고 있다는 것을 알지 못했다. 그리고 거기 있던 우리들 모두 그랬다. 우리의 관심을 겉으로 드러나는 표시와 방법에 맞출 때 우리는 유혹의 길을 걷게 된다. 왜냐하면 우리의 눈이 이미 진리이신 하나님을 바라보고 있지 않기 때문이다. 겸손이 매우 중요한 이유는 바로 여기에 있다. 겸손한 사람은 유혹에 빠지기 어려우며, 혹시 빠지더라도 신속하게 하나님께로 돌아오는 자이기 때문이다.

하나님의 기적을 모방하는 것

하나님이 하신 일들을 모방하려는 것은 하나님이 하신 일들을 하나님 자체보다 더 귀하게 여기는 것만큼이나 위험한 일이다. 하나님이 행하시는 이상한 기적들은 유일한 주권자이신 하나님의 것이다. 사도 바울의 손수건을 예로 들어보자. 성경은 이러한 이적을 기록하고 있다. 마술이 성행하던 곳, 많은 이들이 여러 수단을 통해 영적인 세계와 자연의 힘을 조작하는 에베소서에서 일어난 유일무이한 하나님의 기적이었다. 오늘날의 기독교인들은 여러 의도를 가지고 천조각을 들고 기도한 후 이를 아픈 사람들에게 주거나 팔아, 사도 바울을 통해 보이신 하나님의 기적을 흉내내고 있다.

하나님께서 이러한 방법을 통해 아픈 이들을 치료하신 적이 사도 바울 이후에는 없었다는 것을 말하려는 것이 아니다. 그러나 수많은 천 조각들이 모두 사도 바울이 가지고 있던 손수건의 위력을 발휘하지 못하지 않은가? 그렇다면 이를 모방하고 있는 이들은 잘못된 것이다. 사도 바울의 손수건을 모방하기에 앞서 사도 바울이 가지고 있던 성품과 마음을 닮으려고 노력하는 것이 옳을 것이다. 우리가 그와 같이 모든 일을 하나님의 말씀을 지키기 위해 하며, 예수님을 위해 희생할 수 있는 단계에 이르면 하나님께서 우리가 입고 있는 옷에도 조그마한 능력을 주실지도 모른다. 그러나 안타깝게도 사도 바울의 본을 받기보다 천 조각을 나눠주는 일이 더 쉽다.

한 가지 더 본받아야 하는 점이 있다: 사도 바울은 주님에 대한 말을 많이 하는 사람이었지, 주님이 그에게 보이신 기이한 일들과 경험들을 말하는 데 주력하지 않았다. 사도 바울 자신은 손수건을 통한 기적에 대해 언급한 적도 없다. 그의 친구 누가가 보고 기록했을 뿐이다. 그리고 이를 기록한 누가의 의도나 목적은 병자를 고치는 방법을 소개하고자 했던 것이 아니라, 에베소서에 난무하고 있던 악한 영들과 사악한 마법들을 누르시는 예수 그리스도의 놀라운 힘을 선포하고자 했던 것이다.

사람들의 기적에 대한 경계심에도 불구하고 하나님은 계속 낯설고 기이한 일들을 행하신다. 더 나아가 한 번도 접해보지 못한 새로운 일들을 행하실지도 모른다. 그리고 그 일을 우리에게 명령하실지도 모르는 일이다. 그럴 때 우리는 어떻게 해야 할까?

잘못된 죄책감

최근에 가졌던 세미나에서 질문과 답변을 하는 시간에, 한 여인이 내게 문제를 상의해왔다. 그녀는 한 시각장애인이 눈을 뜰 수 있도록 계속 기도해왔다고 했다. 그러나 아무런 기적도 일어나지 않았다. 그녀는 예수님이 진흙에 침을 뱉고 이겨서 한 눈먼 사람의 눈에 바르셨던 사건이 생각났고, 그대로 하면 자신의 친구도 나음을 얻을 것이라는 느낌이 들었다. 그러나 그들이 기도하고 있던 곳은 카페트가 깔린 집 안이었다. 그러나 이보다 더 큰 장애물은 그녀 마음속에 사회적으로 도저히 용납되지 않는 행동—침으로 짓이긴 흙을 남의 눈에 바르는 일—에 대한 두려운 마음이었다! 그러나 예수님도 하셨던 일이 아닌가? 마음속에 느껴지는 두려운 마음에 대해 죄책감을 느꼈다. 그리고 그 죄책감이 더해 갈수록 그녀는 하나님이 이 일을 하도록 그녀를 이끌고 계시는 것이라는 생각이 들었다. 그러나 정말 그랬을까? 바보같이 보일까봐 안절부절하는 자신의 망설임이 그녀를 이끌고 있는 것이 아니었을까? 결국 그녀는 침을 뱉지도, 흙을 바르지도 않았고, 그녀의 친구는 눈을 뜨지 않았다. 이로 인해 그녀는 진흙을 바르지 못한 자신을 탓하며 죄책감에 사로잡히게 되었다. 세미나가 열린 곳은 외국이었고, 그 곳의 풍습상 그녀가 다시 돌아가 죄책감을 씻기 위해 진흙을 바를 기회는 없었다.

그녀는 "제가 어떻게 했어야 할까요? 침으로 흙을 이겨 눈에 발라야겠다는 충동이 하나님께로부터 온 것이었을까요, 아님 저의 생각이었을까요?"라고 질문했다. 이에 나는 하나님께서 주신 메시지가 아니었다고 대답했다.

첫번째 이유는, 우리가 성경 구절과 우리가 위해 기도하는 사람들을 연결시키는 것은 자연스러운 일이다. 나 역시 눈 먼 사람들을 위해 기도 할 때마다 요한복음 9:6에 나오는 진흙치료 요법이 생각나기 때문이다. 귀가 들리지 않는 이들을 위해 기도할 때는 계속해서 마가복음 7:32이 떠올라 손가락을 그들 귀에 넣어 보고 싶다. 이러한 생각들이 떠오르는 이유는 우리가 그만큼 성경과 친숙하기 때문이지, 특별한 하나님의 이끄심이 아니다.

두번째 이유는, 기적을 위해 기도하고, 그 기도가 이루어지지 않을 때마다 우리가 사람이기 때문에 실패에 대한 원인을 찾는다. 성경에 있는 그대로 따라 하지 않아서 그렇다고 생각하거나 믿음이 부족해서 그랬다거나, 해결되지 않은 죄로 인해서 그렇다고 생각하게 된다.

세번째 이유는, 그녀에게는 그렇게 혐오스러운 일을 행함에 대한 견고한 확신이나 마음의 평안이 없었다. 그녀는 하나님께 순종하는 것보다는 들리지도 않은 하나님의 뜻을 찾는 데 더 치우쳤다. 만약 하나님께서 실제로 그녀를 이끄셨고 그 말씀에 순종했다면 그녀는 아무런 죄책감도 느끼지 않았을 것이다. 우리는 이 점을 기억해야 한다. 하나님께서 성경의 예언자들에게 기이한 일들을 명하실 때는, 예언자들이 듣는 소리는 하나님으로부터 온 것인지 내 생각인지 헤맬 수 없을 만큼의 매우 명확한 음성이었다.

네번째, 하나님의 음성을 듣는 데 있어서 그녀는 초보자였고, 아직 예언자적 행위가 어려운 단계에서 이를 기대했다는 것이다(롬 12:6). 이러한 요인들은 그녀에게 진흙을 바르도록 충동한 것은 하나님이 아닌 그녀 자신의 감정이었다는 것을 알 수 있게 해준다. 하나님의 명령이 없었다는 것이 명백한 이상, 그녀가 죄책감을 느껴야 할 이유는 없었다.

그렇다면 그녀가 했어야 할 올바른 행동은 무엇일까? 하나님께 이러한 충동이 자신의 감정에서 비롯된 것인지 그분의 뜻인지를 구분할 수 있게 해달라고 기도할 수 있었다. 아니면 결정하는 데 있어서 눈먼 여인을 포함할 수도 있었다. "아마 미쳤다고 생각할지 모르겠지만, 그리고 그렇다고 해도 어쩔수 없지만, 예수님께서 하셨던 일을 해볼까 해요—흙을 침으로 짓이겨 당신의 눈에 바르는거죠. 어떻게 생각하세요?" 그럼 장님이 외쳤을 것이다. "말도 안되요!" 또는 "뭐, 어차피 손해 볼건 없지 않겠어요? 어차피 이러나 저러나 제게는 보이지 않는 눈인걸요. 한 번 해볼까요." 이렇게 하는 것이 그 눈먼 사람을 실험 대상이 아닌 사람으로서 대하는 방법이 아니었을까?

성공적인 예언자적 사역을 위한 열 가지 원칙

다음의 열 가지 원칙을 잘 지킬 수 있다면 불필요한 문제들을 피할 수 있을 것이다.

첫번째: 느불고 기상천외한 것보다는 주요한 요점과 명백한 것에 중점을 둔다. 성경공부와 예언자적 사역에 이 원칙을 적용해보라.

두번째: 하나님께서 확실하고 명료하게 말씀하시지 않는 한 이상한 일을 행동에 옮기지 말자.

세번째: 예언자로서 상대방의 허락없이는 상대방에게 창피를 주거나 해를 줄 수 있는 일은 하지 말자. 만약 "엘리야나 엘리사가 언제 상대방의 사전 허락을 받고 상대방에게 해가 될 수도 있는 일을 행했나요"라고 반박하고 싶다면, 그들이 상대한 사람들은 곧 하나님의 원수였다는 것을 기억하자. 하나님의 양들을 향한 사역은 이와는 다르

며, 이것이 바로 큰 차이점이다. 그리고 우리가 엘리야 나 엘리사가 아님을 기억하자. 그들과 동일한 수준에 이 를 즈음에라면 아마 세번째 원칙을 어느 정도 어기는 것이 허용될 것이다.

네번째: 이 말을 소리내어 따라 읽어 보라: "나는 이 모든 원칙을 지킴에 있어 예외가 될 수 없으며, 나는 초보 예언자에 불과하다."

원칙 다섯에서 열번째까지: 네번째 원칙과 동일하다.

당신이 전하는 메시지가 전달되기 원한다면 가능한 평범하고 종교적이지 않기 위해 노력하라. 이것은 사도 바울의 조언이다(고전 14:23-25). 모든 일들을 조심성있고 질서에 맞게 행하라. 왜냐하면 하나님은 평화의 하나님이시기 때문이다(고전 14:33, 40). 하나님께서 뜻을 가지시고 평화를 깨시는 것은 합당하나, 우리는 그분의 자녀들로서 평화를 지키는 파수꾼이 되어야 할 것이다.

다음 장에서는 평화를 지키기 위해 지켜야 할 지침들은 물론 예언자적 발언을 통해 최대한의 이득을 얻을 수 있는 방법들을 소개하겠다.

1
하나님의 메시지를 효과적으로 전달하는 방법

20분 내내 한치의 관용도 없는 날카로운 모욕이 쏟아지고 있었다. 그러나 폴 카인의 표정은 변함없이 침착하고 평정을 잃지 않았으며, 쓰디쓴 꾸지람을 들으면서도 그의 눈에서는 그 특유의 자신감이 빛나고 있었다. 그에게 호통을 치고 있는 크리스천 리더의 통찰력은 형편없었으며 냉혹하기 그지 없었다. 나는 중간에 끼어 폴의 입장을 설명하고 싶은 충동에 사로잡혔다. 사실 폴을 위한 중재보다는 폴에게 심한 언사를 한 그에게 그만큼의 모욕을 돌려주고 싶었다. 그러나 폴의 눈은 나에게 마음을 가라 앉히고 가만히 있으라고 말하고 있었다. 그의 삶에는 이렇듯 철저한 평정이 있었다. 나는 마음을 가라 앉히고 일이 어떻게 되어가는지 보고만 있었다. 미안한 말이지만 나는 그 비인간적인 리더에게 그가 저지르고 있는 잘못의 대가가 돌아가기를 바라고 있었다.

이 모든 일은 외국의 목사들로 구성된 큰 그룹에서 존 윔버를 컨퍼런스에 초대하면서 시작되었다. 존은 폴과 내가 동행하기 원했고, 우리는 함께 갔다. 컨퍼런스 첫째날, 폴의 설교는 별로였지만 놀라운 계시를 몇 가지 선포했다. 그럼에도 불구하고 컨퍼런스 주최측의 한 사람은 그날의 성과에 만족하지 않았고, 아직 컨퍼런스가 진행중임에도 불구하고 그는 폴을 설교자 명단에서 빼야 한다고 공공연히 떠들고 다녔다. 그는 "존 윔버가 왜 구시대적인 폴 같은 사람에게 설교를 맡겼는지 이해가 가지 않는군요"라고 했다.

이에 나는 "제 생각에 그가 전한 예언의 메시지는 매우 놀라웠고, 관중들 역시 같은 반응을 보였다고 생각하는데요"라고 반박했다.

"글쎄요, 그 몇 가지 예언의 메시지로 두서없는 설교를 만회하기에는 턱도 없었다고 생각됩니다"라며 방을 나갔다.

폴은 아무의 중재없이 그 사람이 늘어놓는 불평불만을 조용히 경청했다.

존은 폴과 그 사람을 위해 따로 만남을 주선했다. 그 두 사람을 제외하고 나와 존만이 그 자리에 있었다. 그때 그 리더는 폴의 예언자적 역량에 대해 고함을 지르며 20분간의 연속적인 비난을 퍼붓기 시작했다. 말을 마치고 난 그가 폴에게 물었다. "당신은 뭐 할 말 없소?"

"네, 있습니다. 만약 그 쪽이 괜찮다면 하지요. 그렇지만 단 둘이서만 이야기했으면 합니다."

"그렇게 합시다."

두 사람은 다른 방으로 자리를 옮겼다. 존이 내게 미소를 지어 보였다. 그는 무슨 일이 일어날지 짐작하고 있는 것 같았다. 그 리더는 곧 진짜 예언자가 얼마나 무서운지를 알게 될 것이다.

30분 뒤 그들이 나왔을 때, 그 사람의 표정과 태도는 달라져 있었다. 더 이상 분노를 내뿜는 모습이 아니었다. 오히려 편안하고 유쾌해 보이기까지했다. 그는 자기가 너무 지나쳤던 것 같다며, 모든 일이 잘 될거라고 말한 후 폴을 껴안고 오랫동안 놔주지 않았다. 도대체 무엇이 이런 변화를 가져온 것일까?

폴은 그 리더의 발목을 잡고 있는 죄를 보았다. 폴은 그가 죄를 뉘우칠 수 있는 기한이 점점 줄어들고 있는 것 또한 볼 수 있었다. 자칫하면 모든 것이 탄로나 그가 믿음을 가지고 수년간 쌓아왔고, 이를 통해 많은 사람들이 하나님의 축복을 받을 수 있었던 사역에서 쫓겨나기 직전이었다. 폴은 그의 죄를 공개하고, 하나님의 심판을 외칠 수도 있었다. 하지만 폴은 그를 아무도 없는 방으로 이끌고 회개할 수 있는 길을 열어 주었다.

예언자의 황금률

가장 위대한 예언자가 한 말씀이다: "너희를 저주하는 자를 위하여 축복하며 너희를 모욕하는 자를 위하여 기도하라"(눅 6:28). 이를 실제로 실천하는 사람들은 하나님이 위대한 비밀을 믿고 나눌 수 있는 자들이다. 그들이 그 비밀한 것들을 자신의 원수를 갚기 위해 쓰지 않고 사랑과 자비의 도구로서 망가진 인생들을 고쳐주는 일에 쓸 것이란 사실을 하나님은 알고 계신 것이다.

폴은 그 리더에게서 본 죄를 아무에게도 발설하지 않았다. 그는 언제나 그랬다. 또한 어떤 회개하지 않는 사람에게 다가오고 있는 심판의 종류를 거론하는 모습 또한 본 적 없다.

나는 폴의 자제심에 놀랐다. 그 리더가 자기에게 무능하고, 논리적으로 사리에 맞지 않고 완전히 실패한 예언자라고 비난하고 있을 때, 폴은 그의 코를 납작하게 누를 수 있었고, 내 개인적인 견해를 더하자면 그럴 만한 권리가 있었다. 내가 모든 것을 폭로하지 그랬느냐고 말했을 때 폴은 그 생각을 하지 않을 것은 아니라고 했다. 그러나 예언자로서의 삶을 마쳤을 때 위대한 예언자가 아닌 영적인 아버지로서 기억에 남길 원하기 때문에, 자신의 아버지인 하나님이 하셨을 것 같은 방법으로 그 사람을 대했을 뿐이라고 말했다. 비틀거리고 있는 하나님의 어린 자녀에게 손을 내밀어 일으켜 세우는 사역을 감당한 것이다.

진정한 예언자는 우리의 비밀한 것들을 아는 것 뿐만 아니라, 마음도 하나님의 자비로 가득 차있다. 폴 카인의 예는 아마도 예언자적 지침을 지키는 데 있어 가장 본받아야 할 모습일 것이다. 폴은 성경에서 말하는 단순한 황금률을 따랐을 뿐이다; "남에게 대접을 받고사 하는 대로 너희도 남을 대접하라"(눅 6:31). 한 예언자가 당신의 삶을 지배하고 있는 죄를 알았을 때 그가 어떻게 당신을 대했으면 좋겠는가? 공개적으로 당신의 죄를 폭로하기 원하는가? 이를 듣는 사람들에게 그가 강력한 예언자로 보이겠지만, 당신은 어떻게 되겠는가?

위대한 예언자로서 칭송을 얻기 원하는 자들은 많은 사람들에게 불필요한 상처를 주게 된다. 진정으로 위대한 예언자는 자신이 대접을 받고자 하는 대로 남에게 대접한다. 상대방에게 전달해야 하는 것이 경고이든 축복이든 간에, 예언자는 어떻게 전달해야 이를 통해 최대한의 좋은 영향을 끼칠 수 있을지 심사숙고한다. 또한 메시지를 전달하는 방법뿐 아니라, 이를 전달해야 할 최적기를 찾으려 분투한다.

언제가 가장 좋은 시기인가?

하나님께서 말씀하신 메시지를 명확히 알고, 올바른 해석을 가지고 있다고 해도 이를 전달하는 타이밍이 적절치 못하다면 최대의 결실을 얻어내지 못한다. 지혜로운 예언자는 "경우에 합당한 말은 아로새긴 은쟁반에 금사과"(잠 25:11)라는 사실과 때에 맞는 말이 듣는 사람과 말하는 사람 모두에게 기쁨이 된다는(잠 15:23) 사실을 알고 있다.

하나님께 물어보고 그분의 허락을 받기 전에는 절대로 예언의 메시지를 전해서는 안된다. 나는 "하나님께서 허락하신 때를 어떻게 알 수 있나요?"라는 질문을 자주 받는다. 그에 대한 답은 아주 간단하다. 질문을 하면 답이 오듯, 하나님께 여쭤보면 말씀해 주신다. 계시를 보이신 하나님께서 하물며 그 계시를 전달하는 방법을 알려주시지 않겠는가? 하나님의 계시를 수용할 능력이 있다면, 그 계시를 어떻게 사용할 것인가 말씀하시는 하나님의 음성을 들을 능력이 있다는 것이다.

계시를 어떻게 적용해야 하는지 역시 하나님께 여쭤봐야 한다. 하나님께 계시를 보이시기를 구하는 것과 그에 대해 올바른 해석을 할 수 있도록 도움을 요청하는 일만큼이나 중요하다. 사람들은 저마다 가지각색이다. 그러므로 메시지를 듣는 사람에게 좋은 영향을 끼치기 위해서는 똑같은 사실이라도 다른 방법으로 적용되어야 한다. 똑같은 적용을 놓고도 어떤 사람은 화를 내고, 다른 사람은 은혜를 받을 수 있다. 사람들에게 축복을 초래하는 예언자가 되기 위해서는 우리의 걸음마다 성령님께서 인도하셔야 한다.

가끔 주님은 아무런 해석이나 적용에 대한 말씀 없이 선지자에게 메시지를 선포하도록 명령하신다. 이런 경우에는 아마 이를 듣는 사람들이 얼마나 하나님의 메시지를 귀히 여겨 이를 이해하고 적용하려 하나님의 도움을 구할 것인지를 시험하시고자 하는 하나님의 의도가 담겨 있을 것이다. 어떤 경우에도 하나님께서 하신 말씀 외에 첨가해서는 안된다. 하나님의 메시지에 우리의 견해를 더할 때는 이를 확실하게 구분해서 말해야 한다. 주님이 말씀하신 것이 무엇이며, 무엇이 개인적인 견해인지를 말이다. 자신의 개인적인 견해 역시 중요할지 모른다. 그러나 이를 하나님께서 하신 말씀과 혼동하여 구별하지 못할 때, 우리는 스스로 속이는 자가 되는 것이다.

예언자가 빠지기 쉬운 함정

수백 가지의 적절한 적용이 가능한 일반적인 종류의 메시지나 광범위한 메시지는 이를 전하는 예언자를 유혹한다. 왜냐하면 사람들은 주로 일반적이고 광범위한 메시지보다는 명확하고 자세한 메시지를 더 중요하게 생각하기 때문에, 조금의 세부적인 설명들을 더한다면 그래도 예언자로서의 체면이 서지 않겠는가? 그러나 그래서는 안된다. 일반적이고 광범위한 메시지라도, 그것이 하나님께로부터 온 것이라면 하나님의 능력이 임할 것이기 때문이다. 오히려 귀에 듣기 좋은 말을 개인적으로 붙이게 되면 하나님의 메시지가 가지고 있는 힘을 희석시키거나 망치게 될 것이다.

최근에 하나님의 음성을 듣는 법에 대한 강연을 했었다. 관중석 세번째 줄에 앉아 있는 여인을 보는 순간 머리에 "꿈"이라는 단어가 생각났다. 그냥 "꿈"이라는 한 단어뿐이었다. 그 사람에게 말을 꺼내야 한다고 생각했지만, 아무래도 꿈이란 단어는 너무 광범위했다. 좀 더 자세히 알아야 할 필요를 느낀 나는 그녀에게 장래의 꿈을 갖게 해달라고 기도하고 있느냐고 물었고, 그녀는 '아니오'라고 대답했다.

5분쯤 지났을 때, 그녀가 손을 번쩍 들었다. 두 주 전쯤 내가 쓴 책들 중 하나를 읽고부터 계속 생생한 꿈을 꾸기 시작했다는 것이다. 자신에게 무슨 일이 일어나고 있는지에 대해 함께 대화할 사람이 없었다. 그녀는 자신이 꾸는 꿈들의 뜻을 알고 싶어 하나님께 나와 대면할 수 있는 기회를 달라고 기도했다고 한다. 그리고 내 강연이 자신이 사는 곳에서 있다는 것도 모르고 있었음에도 불구하고, 마침 강연이 시작되는 당일날 알게 되어 참석하게 되었다고 했다.

하나님은 이 만남을 계획하셨고, 그녀가 오랫동안 알고 싶어했던 것을 나에게 귀띔해 주셨다. 그러나 광범위한 단어라는 이유로 좀 더 명확한 것을 찾으려 하다가 이를 망칠 뻔한 것이다. 나는 그냥 "당신을 보니 갑자기 '꿈'이라는 단어가 떠오르는군요. 혹시 무슨 관련이 있으십니까?"라는 질문만 했으면 되었다. 그러면 그녀에게서 배경에 대한 설명을 자세히 들을 수 있었을 것이다.

친절하고 온유한 마음

그 여인에게 꿈을 꾸게 하시고, 또 그녀가 바라는 대로 나와의 만남을 계획하신 하나님은 참 친절하신 분이다. 그분의 친절한 성품은 바로 예언자적 사역을 하는 모든 이들에게 모범이 된다. 사람들에게 메시지를 전달할 때, 그들이 편안함을 느낄 수 있도록 배려해야 한다. 엄숙한 얼굴보다는 미소를 띤 얼굴로, 상대방의 이름을 불러주며, 언제나 조심스럽고 겸손한 자세로 메시지를 전해야 한다. 상대방이 당신을 통해 하나님의 친절하신 성품을 느낄 수 있도록 말이다.

분노와 독선적인 모습, 그리고 판단하는 말과 비난 등은 도움이 되지 않는다. 구약에 나오는 예언자들을 보면 하나님께로부터 온 분노의 메시지를 전했다. 그러나 이러한 메시지를 받는 대상들은 하나님을 떠나 우상을 섬기고, 종교적인 위선에 빠져 있던 무리들이었다. 예수님 역시 독선적이고, 위선적인 종교 지도자들에게 분노의 메시지들을 말씀하셨다(마 23). 만약 오늘날 하나님께서 이러한 메시지를 교회에 주시려 한다면, 그분은 항상 그러셨듯이 교회를 사랑하고, 그 안의 죄를 구별하여 알며, 명확한 하나님의 계시가 없는 한 제멋대로 움직이지 못하고 상한 마음을 소유하고 있는 선지자에게 그 일을 감당시키셨을 것이다(단 9:4-29과 비교해 보라). 오늘날 들리는 교회를 향한 예언자의 경고들은, 그 메시지를 전하는 사람의 치유되지 않은 분노로부터 비롯된 것이 대부분이다.

하나님께서 주시는 메시지를 모두 전하자. 특히 좋지 않은 경고의 메시지라면 더더욱 말이다. 그러나 친절하고 온유하게, 지혜로운 방법으로 해야 한다. 가정에서 남편 역할을 잘못 하고 있는 사람에게 화난 목소리로 당신의 자존심, 이기심, 무감각, 무지함이 결국에는 결혼생활을 망쳐버릴거라고 말해서는 안된다. 그는 당신의 말을 듣고 마음의 문을 닫아 버릴 것이다. 그는 당신이 자신을 공격하고 있고, 부인 편만 들고 있다고 생각해 버릴 것이다. 이럴 경우에는 다음과 같은 방법을 이용해 보면 좋을 듯하다:

"부인이 화가 나 있고, 또 우울해하고 있다는 사실을 알고 있습니다. 그렇지만 저는 사탄이 부인의 불행을 이용해 당신 앞에 덫을 놓고 있음을 볼 수 있습니다. 사탄은 교묘하게도 당신에게 부인의 불행은 당신과 아무런 상관이 없으며, 결혼생활의 심각한 문제들 역시 모두 부인의 탓이라고 생각하게 만듭니다. 그 함정에 빠진다면, 당신은 비참한 인생을 보내거나 이혼을 하게 될지도 모릅니다. 주님께서 제게 그 함정을 피해갈 수 있는 길을 보여주셨습니다. 듣고 싶으다면 말씀드리지요."

이러한 형태의 메시지는 그 사람에게 받아들여지고, 또한 두 사람의 결혼생활을 살리게 될 확률이 훨씬 높다.

예언자적 사역을 하는 모든 이들이 성령님께 아래의 잠언 말씀들을 마음에 새기고 살 수 있도록 도와달라고 기도한다면 무슨 일이든 잘 감당할 수 있을 것이다:

"유순한 대답은 분노를 쉬게 하여도 과격한 말은 노를 격동하느니라."(잠 15:1)

"오래 참으면 관원이 그 말을 용납하나니 부드러운 혀는 뼈를 꺾느니라."(잠 25:15)

지혜롭게 메시지를 전하여, 직접적으로 상대방을 공격하지 않도록 조심한다면, 우리의 메시지를 전해 듣는 이들이 마음의 문을 활짝 열고 하나님의 말씀에 귀기울일 수 있다.

중재자의 역할

천국의 중심에는 많은 천사들이 있다. 그 무리 가운데 스물 네 개의 보좌가 있고 그 보좌에는 스물 네 명의 장로들이 앉아 있다. 천국의 중심에 있는 높은 왕좌에는 예수 그리스도가 앉아 계신다. 모든 사람들이 예수님을 경이롭게 바라보며 세세토록 영광을 돌린다(계 4-5). 그렇다면 왕좌에 좌정하신 예수님은 무엇을 하고 계신 것일까?

그분은 화려한 천사들의 찬사가 있다고 하여 중요한 일들을 게을리하시지 않는다. 그분은 항상 당신을 위해, 나를 위해, 그리고 하나님께 인도하시려 하는 많은 어린 양들을 위해 기도하고 계신다(히 7:25). 그분은 가장 위대한 예언자이시자 제사장이시고, 모든 것을 아시며, 전지전능하시다. 그럼에도 불구하고 그분은 계속 기도하고 계신다.

예수님의 정신을 본받아, 유명한 예언자들 역시 매우 훌륭한 중재자의 역할을 감당해냈다. 진정으로 메시지를 들은 자들이 주님께로 돌아오기를 바란다면, 메시지를 전한 후에 우리는 그 사람을 위해 기도해야 한다. 중보기도는 결코 쉽지 않다. 사실, 기도에 비하면 다른 일을 하는 것은 더 수월하기도 하다. 그러나 메시지를 들은 이들을 진정 돕는 것은 그 메시지 자체가 아닌 그 뒤에 드리는 기도일지도 모른다. 상대방이 메시지를 받아들이도록 하는 것도, 그 메시지를 듣고 순종하게 하는 것도 우리의 의무가 아니다. 이사야 선지자가 가장 전하기 힘들었던 심판의 메시지를 전한 후에 한 말씀이다: "이제 야곱 집에 대하여 낯을 가리우시는 여호와를 나는 기다리며 그를 바라보리라"(사 8:17). 이사야를 표본으로 삼아 주님을 기다리고, 주님을 전적으로 신뢰한다면 퇴짜맞은 예언자 증후군에 빠져 괴로워 하는 일은 없을 것이다.

하늘의 비밀을 지키는 자

다니엘은 그냥 예언자가 아닌, 매우 지혜로운 예언자였다(슥 28:3). 그가 너무나 놀랍고 무서운 환상들을 보았을 때, 그는 그 일을 마음에 감추었다(단 7:28). 그에게는 자신이 본 놀라운 광경을 발설하여 자신이 얼마나 대단한 예언자인지 증명할 필요가 없었다. 그는 매우 가까운 사람들에게까지 이 사실을 숨겼다. 그는 하나님께서 이러한 환상을 보이시고는 아무런 설명도 해주시지 않는 것에 대해 마음 상하지 않았다. 그는 하나님이 보이신 것들을 선포하는 것과 계속 보류하고 있는 것 모두, 하나님께 순종하는 마음으로 행한다면 하나님께서 결국 이에 대한 상을 주실 분이란 사실을 알고 있었다.

하나님께서 침묵하실 때 함께 침묵하고, 하나님이 메시지를 전하라고 말씀하시지 않아 계속 보류되고 있을 때 역시 순종하는 마음으로 기다리는 훈련이 잘 되어 있는 사람은 매우 성숙한 예언자이다. "여호와의 친밀함이 경외하는 자에게 있음이여 그 언약을 저희에게 보이시리로다"(시 25:14). 하늘나라에서는 알고 있는 것을 발설하지 않는 자가 예언자로 불리는 것 같다. 자신을 억제할 수 있는 자제심없이는 아무도 예언자적 사역의 정상에 오를 수 없다.

이러한 예언자에게라면 하나님께서 아직 때가 되지 않아, 더 많은 시간을 기다려야 하는 계시라도 함께 나누실 수 있을 것이다(사 8:16; 29:11; 단 8:26; 12:4, 9). 이러한 자들에게 하나님은 놀라운 비밀들을 보이실 수 있고, 또 그 비밀이 보장될 것을 알고 신뢰하신다 (고후 12:4; 계 10:4). 이러한 자들은 하나님이 신뢰하는 친구이며, 그들의 마음속에는 자신의 심장이 아닌 하나님의 심장이 뛰고 있는 것이다.

하나님은 왜 비밀을 보이시고 나서, 그 비밀에 대해 입을 다물게 하시는 것일까? 어쩌면 그분은 예언자들에게 계시를 받드는 것보다 중재자의 역할을 맡기고 싶어하시는지도 모른다. 사실, 주님이 특별히 아니라고 말씀하시지 않는 한 모든 계시는 기도하라는 주님의 간접적인 명령이다. 또는 아직 계시를 전해야 할 때가 아니기 때문에 입을 다물기 원하시는지도 모른다. 주님은 강연을 하고 있는 도중 메시지를 주시기도 하는데, 예언자가 부분적인 메시지를 마치 전체적인 메시지인양 입을 연다면 누군가를 실족시킬 가능성이 크다.

사람의 계획은 눈에 보이기 쉽다. 그러나 그 사람을 향한 하나님의 계획을 보기는 힘들다. 하나님의 허락없이 입을 여는 것은 곧 사람의 계획은 인정하면서 하나님의 계획은 무시해버리는 것이다. 그렇게 될 때 그는 더 이상 신실한 하나님의 예언자가 아닌 사기꾼일 뿐이다.

"하나님께서 말씀하시기를"

　계시를 전할 때, "하나님께서 말씀하시기를"이라는 말로 시작해도 될까? 구약의 선지자들은 그랬다. 신약시대에 들어서는, "성령님께서 말씀하시기를…"(행 21:11)이라고 말했다. 예언자들이 이런 말로 메시지를 시작한다면 그것은 곧, 계시에 대한 자신의 개인적인 해석과 적용 없이, 하나님께서 말씀하신 메시지 그대로를 전한다고 선포하는 것이다. "주님께서 말씀하시기를…"은 논쟁의 여지가 없는 메시지였다. 쉽게 풀어 쓰자면, "주님께서 말씀하신 그대로를 전할 뿐입니다. 그게 전부입니다"라는 말이다. 이 말을 앞에 붙인 예언자 치고 자신의 개인적인 말을 한 예언자는 없었다. 하나님께서 전국의 사람들에게 알리라고 맡기신 권위를 가지고 있는 사람들이었다. 그들의 성품과 행적으로 그들이 어떤 사람들이었는가는 잘 알 수 있다. 그 중 많은 이들이 박해를 당했고, 순교했다. 우리는 모두 그들이 했던 말들을 인용하기에 급급하지 말고, 오히려 그들이 하나님을 향해 가지고 있던 열정을 본받으려 분투해야 한다.

　"하나님이 말씀하시기를…"이라며 말을 시작한 이상, 상대방은 어떤 경우에도 반박할 수 없게 된다. 그리고 상대방은 억제당하고 있다거나 못마땅한 마음을 가지게 된다. 말하지 않더라도, 상대방이나 말하는 사람이나 하나님께서 직접적인 권한을 주셔서 한 말이 아니라는 것을 알고 있기 때문이다. 그렇다고 "하나님께서 말씀하시기를"이란 말을 쓰는 것이 옳지 못하다는 말은 아니다. 단지 그 말을 쓰더라도 우리에게는 그 말을 쓸 수 있는 실질적인 권한이 없다는 것을 말하고 싶을 뿐이다. 내가 알고 있는 예언자들 중 가장 권위가 높은 예언자조차 그 말을 거의 쓰지 않기 때문이다.

한편으로는 아주 명망 높고 존경할 만한 예언자들 가운데도, 나의 견해에 동의하지 않는 이들이 있다. 그들은 예언의 메시지를 전할 때마다 "하나님께서 말씀하시기를"이란 말로 시작한다. 그러나 그들이 나와 다른 방식으로 메시지를 전한다고 해서, 내가 그들과 가지고 있는 우정과 사역을 통한 축복을 잃을 수는 없다.

예언자의 권위

예언의 메시지는 항상 성경의 권위에 종속되어 있다. 구약에는 예언자의 계시가 사실이고, 기적같은 일들이 이를 뒷받침하고 있다고 하더라도, 그것이 성경의 가르침과 상반되는 내용일 경우 따르지 않았다(신 13:1-5). 이사야 시대의 사람들은 무당과 망령을 많이 찾았다. 이사야는 진짜와 가짜 예언자를 구별하기 위한 기준을 세운다: "마땅히 율법과 증거의 말씀을 좇을지니 그들의 말하는 바가 이 말씀에 맞지 아니하면 그들이 정녕히 아침 빛을 보지 못하고"(사 8:20).

사도 바울은 가짜 예언자들의 가르침이 난무하던 고린도의 교인들에게 편지를 쓴다: "만일 누구든지 자기를 선지자나 혹 신령한 자로 생각하거든 내가 너희에게 편지한 것이 주의 명령인줄 알라"

(고전 14:37). 성경의 권위는 공간을 초월해 우주적이며, 시간과 사람을 초월한다. 그러나 계시는 그 받은 자들에게만 유효하며 시간을 초월하는 것이 아니다.

그렇다면 사람이 전하는 계시에 우리는 얼마만큼의 위신을 세워주어야만 할까? 예언자로서 사람들이 우리가 전한 계시를 바탕으로 모든 결정을 내리기를 바래야 하는가? 예레미야 선지자는 확실히 그랬다. 사람들이 그에게 유다에 머물러야 하는지 이집트로 탈출해야 할지를 물었을 때 그는 하나님께서 유다에 남아있는 자만을 지키시겠다고 하신 말씀을 전한다(렘 42장). 그러나 대부분의 무리들은 그 말을 듣지 않고 이집트로 갔다가 죽음을 당한다. 그러나 오늘날 계시를 전함에 있어 예레미야나 구약의 예언자들을 표준으로 삼고 따르기에는 많은 무리가 있다. 그 이유를 설명하자면 이렇다.

구약시대에 이루어졌던 예언자적 사역의 예들을 자세히 살펴보면 "개인적인" 메시지를 전하는 일이 극히 드물었던 것을 볼 수 있다. 대부분의 전체 실례들은 커다란 단체를 대상으로 한 계시였다. 예언자가 왕에게 개인적인 계시를 전달하는 일조차 어떻게 보면 그 나라 전체를 위한 메시지였다. 왜냐하면 왕이 나라를 다스리는 길잡이가 되어 주었으니 말이다. 그러므로 전하는 대상이 다른 이상, 지극히 개인적인 메시지를 전함에 있어서 단체를 대상으로 전하는 방법을 쓴다면 오류를 범하는 일이 되는 것이다. 단체를 대상으로 한 계시에서 예언자는 하나님의 목소리를 대표하는 사람이었고, 그로 인해 하나님만이 오직 그들의 통치자이심을 승인했다. 위에서 말한 것과 같이 예레미야 역시 특정한 사람이 아닌, 수많은 사람들에게 지시하고 있다. 그는 하나님을 대적했던 나라의 백성들에게 하나님께서 주신 유일한 살 길을 말했다.

하나님은 한 나라의 왕이나 백성들이 믿고 싶어하지 않는 사실들을 예언자를 통해 말씀하시기도 했다. 자신의 계시를 믿게 하시기 위해 하나님은 예언자에게 잊을 수 없는 방법으로 권한을 부여하시기도 했다. 모든 사람들이 보는 앞에서 모세에게 직접 구름에 휩싸여 내려오셔서 말씀하셨다(출 19:9). 백성들이 여호수아를 따라 요단 강을 건너 약속의 땅으로 들어갈 수 있게 하시기 위해 하나님은 강의 흐름을 멈추시고 그 가운데 서 계시기도 했다(수 3:7-17). 사무엘에게 비상한 정확성을 주셔서 그의 말이 하나도 땅에 떨어지지 않도록 하신 하나님이시다(삼상 3:19). 엘리야가 전한 메시지대로 삼년 반 동안 비를 내리지 않으시고, 엘리야에게 하늘에서 불을 내리는 능력을 주신 분도 하나님이시다(왕상 17:1; 18:36-38). 하나님의 직접적인 방문과 자연의 기적, 놀라운 명확성, 그리고 여러 가지 초자연적인 체험들은 하나님께서 구약의 예언자들에게 부여하신 권위였다.

예수님이 세상에 오셨을 때, 그분은 이러한 권위를 예언자들이 아닌 사도들에게 주셨다. 교회의 권위 구조는 구약시대의 이스라엘과는 다르다.

예언자가 아닌 사도들에게는 예수님으로부터 직접 받은 권위가 있다. 신약에서 사도들은 모든 교회들을 대상으로 메시지를 전한다. 하나님께서 각 사도들에게 각각 다른 영역을 위한 권위를 주셨고, 교회는 이 권위를 인정했다. 베드로는 유대인들, 그리고 사도 바울은 이방인을 향한 권위가 있었다. 신약시대의 예언자들은 구약시대의 예언자들이 단체를 대상으로 계시를 전달했던 것과는 달리 개개인을 대상으로 계시를 전달했다. 예언자들은 교회의 개개인들에게 평안과 격려 그리고 힘을 주는 역할을 담당했다(행 15:32; 고전 14:3). 단체를 대상으로 메시지를 전하기도 했지만(행 11:27-30), 신약시대에는 그들의 사역이 개개인에게 집중된다.

지방의 경우에는, 예언자가 아닌 교회의 장로들이 그 권위를 갖는다. 신약시대의 예언자들은 장로도 아니며 리더도 아니다. 사도 바울은 "잘 다스리는 장로들을 배나 존경할 자로 알되 말씀과 가르침에 수고하는 이들을 더할 것이니라"(딤전 5:17)고 말했다. 바로 여기에 결정적인 요점이 있다: 신약 시대에 주어진 모든 권위들은 개인적인 삶이 아닌, 교회의 여러 가지 크고 작은 일들을 지도하기 위해 주어졌다. 교회의 리더나 크리스천 운동가들이 자신들이 가지고 있는 권위를 개개인의 삶을 휘두르는 데 사용한다면, 그것은 마치 교회에서 예수님이나 하나님의 자리에 자신이 서 있다고 생각하는 것이나 마찬가지이다. 예언자나 교회의 목사들이라 할지라도 우리의 개인적인 결정을 대신 내릴 권리는 없다.

예수님께서는 우리에게 구약의 그 어떤 성인도 가질 수 없었던 만큼 깊은 하나님과의 관계를 성립할 수 있는 길을 열어 주셨다. 이제는 주님의 음성을 듣는 것이 평범한 경험이 되었다(요 10:4). 우리에게는 우리를 이끌어주시는 성령님이 있다(롬 8:14). 우리의 개인적인 결정을 내릴 때 주님은 성령님의 음성을 듣기를 바라신다. 그렇다고 예언자가 우리를 도울 수 없다는 말은 아니다. 예언자는 당신이 주님에게서 들은 음성을 뒷받침해 줄 수 있고, 증명해 주거나 더 명확하게 해줄 수 있다. 우리가 미쳐 생각하지 못한 방향을 제시하여, 기도해 볼 수 있는 기회를 제공하기도 한다. 그러나 예언자가 우리의 특권, 곧 직접 하나님의 음성을 들을 수 있는 축복을 포기하게 하는 원인이 되어서는 안된다. 오로지 다른 사람에게 의

지해서는 안된다. 하나님은 우리가 내리는 결정에 대한 책임을 물으신다. 옳지 못한 결정을 내려 놓고는, "하나님이 그 예언자를 통해서 나보고 그렇게 하라고 시키셨잖아요!"라고 변명하는 것을 기뻐하지 않으실 것이다.

그렇다고 신약시대의 예언자들이 강력하고 권위있는 메시지를 전하지 않았었다는 것은 아니다. 사실, 이 세상의 끝 날에는 예언자의 역할이 다시 살아날 것이다. 아직 오지 않은 두 명의 강한 예언자들이 남아 있다. 그들의 권한은 구약시대의 예언자들과 같을 것이다(계 11:3-12). 그리고 오늘날 역시 하나님께서 좀 더 높은 수준의 예언자적 사역을 할 수 있도록 교회를 준비시키고 계시는 징조들을 많이 본다.

존중되어야 할 목사의 권위

최근에 컨퍼런스에서 한 젊은 남성을 만났다. 그는 친절했고, 정직했으며, 재능있는 예언자였다. 그는 자신의 교회가 관례에 젖어 있고, 이 상태를 벗어날 수 있는 길을 주님께서 말씀해 주셨다고 했다. 그는 목사님께 가서 교인들이 교회가 어떤 곳인지, 어떤 마음으로 와야 하는지를 깨닫게 하기 위해 교회 문을 한 달간 닫아야 한다고 말했다. 그는 목사님이 왜 자신의 메시지를 거절했는지 이해하지 못했다.

그가 자신의 교회의 사역을 보고 옳지 못한 점을 발견한 것에 대해 의심하지 않는다. 그러나 주님이 주셨을 메시지가 무엇이든 간에 그는 목사의 권위를 존중하지 않음으로, 그 메시지의 영향력에 손상을 입혔다. 무엇이 이 실패의 원인일까?

첫째, 그는 이렇게 큰 문제를 해결하기 위해 최선을 다하지 않았다. 자신의 메시지가 목사에게 어떤 영향을 미칠지 전혀 고려하지 않았고, 목사님이 평생을 바친 사역의 커다란 결함을 짚는 결과가 된다는 것조차 깨닫지 못했다. 그는 교회의 모든 일들을 지도하는 권위가 있고(딤전 5:17), 또 그 청년의 영혼까지도 돌보는(히 13:17) 위치에 있는 대상에게 적합하지 못한 방법으로 다가갔던 것이다.

둘째, 그에게는 이 메시지를 전할 권한도 자격도 없었다. 이와 같이 목회 사역의 커다란 방향 조절을 요하는 메시지는 예언자 중에서도 초자연적인 행적과 함께 확실한 하나님이 내리신 권한을 인정받는 자만이 전할 수 있는 자격이 있다. 그 청년은 이와 같은 조건에 전혀 맞지 않는 사람이었다. 그는 한 번도 목회나 예언에 관해 적절한 훈련을 받지 못한, 직업적으로는 성공한 비즈니스맨이었다. 그에게 사업에 대해서는 무뢰한인 사람이 당신에게 와서 사업을 좀 더 잘 이해하려면 회사를 한 달 동안 닫아야 한다고 말한다면 어떻겠느냐고 물었다. 이 말에 그는 금방 모든 상황을 이해했지만, 때는 너무 늦어버렸다. 이미 엎질러진 물이었다.

그러나 사람은 참 좋은 사람이었다. 정말 재능있고, 잘못한 것을 인정할 줄 아는 사람이었다. 그가 우리 교인이었다면, 제대로 일해 볼 수 있도록 훈련시키고 싶었다. 그에게 필요한 것은 단지 하나님의 권위를 좀 더 잘 이해하는 것 뿐이었다.

하나님께서 주신 권위는 세상의 권위와는 사뭇 다른 목적을 가지고 있다. 다른 사람들에게 마음껏 명령하기 위한 것이 아닌, 사람들이 하나님과 더 깊은 교제를 나눌 수 있도록 이끌기 위한 것이다. 그리고 세상의 권위와는 달리 하늘의 권위는 주어지는 방법부터 다르다. 하늘의 권위는 이를 구하는 자에게는 주어지지 않으며, 이를 악용하는 자를 떠나며, 하나님의 말씀안에서 안식을 얻고 그 말씀안에 머무르는 자에게 머문다.

8
거짓말, 사탄, 그리고 거짓 선지자

    마치 무엇에 홀린 듯 했다. 생전 처음 보는 사람이 우리의 비밀을 속속들이 알고 있었다. 열 두 명의 사람이 동그랗게 의자를 놓고 앉아 있었고, 그 중 단 한 사람을 제외하고는 모두 목사였다. 그 예언자는 나를 포함한 세 사람에게 우리의 과거와 현재를 확실하게 맞추었고, 우리의 미래에 관한 예언을 했다. 우리 모두는 그의 말을 믿을 수밖에 없었다. 그가 네번째 차례인 사람에게 말세에 미국의 교회는 열둘로 나뉘게 될 것이며, 강력한 힘을 가지게 될 것이라고 했다. 그리고 마지막으로 끝을 맺으며 목사에게 "그리고 당신이 그 중 한 리더가 될 것입니다"라고 말했다.

    그때 나는 무언가가 잘못되었다는 생각이 들었다. 그 목사의 교회에 나오는 교인이 단지 사십 명이기 때문도 아니고, 그에게 성령으로부터 비롯된 초자연적인 재능이 없는 것 같아서도 아니었으며, 많은 사람들을 이끌기에 그의 대인관계 기술이 부족하다고 생각해서도 아니었다. 다만 그가 예언자의 계시를 들었을 때 반가운 미소를 지으며 웃었다는 것이 마음에 걸렸다. 만약 그의 마음이 이러한 하나님의 부르심에 준비되어 있었다면, 이 계시를 전해들었을 때 그는 웃음대신 숙연한 자세로 두려워하는 모습을 보여야만 했다.

그 계시는 곧 목사의 삶을 파괴해 버렸다. 한 가지 말하자면, 자신이 너무 잘났다고 생각하며 지나친 교만에 빠져 버렸다. 하나님께서 말세에 한 파를 이끌어갈 리더가 될 것이라고 말씀하셨으니 왜 그렇지 않았겠는가? 1년 후, 막다른 골목에 당도한 목사는 자신의 실패에 대한 이유를 물으러 예언자를 찾았다. 예언자는 목사에게 자신의 계시가 틀렸었음을 시인했다. "작년에 말씀드렸던 말세의 열두 지파 운동에 대한 계시 모두 제가 잘못 안 사실입니다."

그 목사는 어떻게 예언자가 일러준 잘못된 계시를 믿게 되었을까? 그를 개인적으로 잘 알게 되면서 나는 그 이유를 나름대로 터득할 수 있었다. 그의 영혼 중심에는 거짓이 있었고, 그 거짓은 그의 사역과 가치관을 조정하고 있었다. 거짓말은 그가 교회에서 위대한 시노자로 인정받는 것만이 인생에 있어서 중요한 의미를 가질 수 있다고 생각하게 했다. 그리고 잘못된 계시는 이미 거짓말로 부풀어 있는 마음에 내리는 단비와도 같았다.

앞서 말한 예언자는 매우 재능있는 일꾼이었다. 그런 그가 어떻게 완전히 빗나간 계시를 전할 수 있었는가? 그렇다면 그는 거짓 선지자인가? 이 질문에 답하기 전에 우리가 알아야 할 것이 많다. 무엇이 거짓 사역인가를 좀 더 큰 그림으로 보아야 할 필요성이 있다.

거짓사역

사탄은 창조의 능력이 없다. 오직 하나님만이 창조하신다. 그러므로 사탄이 하나님을 대적할 때 쓰는 주된 전략은 하나님으로 가장하여 사람들을 현혹시키는 것이다. 주님께서 그의 백성들에게 말씀하시고 인도하시는가? 사탄도 이를 흉내낸다. 주님께서 그의 사람들에게 지혜를 주시는가? 사탄 역시 그만의 악한 지혜가 있고, 주님의 교회에 이를 심으려 발악한다(약 3:15). 성령님께서 우리에게 우리안에 있는 죄를 알게 하시고 이를 깨닫게 하시는가(요 16:8)? 사탄도 이를 흉내낸다. 그러나 그는 죄를 깨달아 소망을 심는 대신, 죄를 비난하고 책망하여 절망을 갖게 한다(계 12:10).

사탄에게는 든든한 거짓 크리스천과 선지자들이 있고, 그는 그들에게 거짓으로 가득찬 증표와 불가사의한 일들, 그리고 기적들을 전하도록 힘을 부어준다(마 24:24; 고후 11:13-15; 살후 2:9; 계 16:14). 사탄은 "거짓말하는 영"을 그의 거짓 선지자들에게 부어 왕을 속이게 하고(왕상 22:21), 또 어떤 경우에는 어느 정도 정확성이 있는 "예언의 영"을 주어 미래를 예언하게 하기도 한다(행 16:16). 사탄은 거짓 기름부음을 하기도 한다(요일 2:27). 이러한 거짓 기름부음으로 거짓 교사와 겸손을 가장한 거짓 장로들, 거짓 지식과 거짓 교리를 만들어 낸다(행 20:29-31; 골 2:18, 23; 딤전 6:3-5; 벧후 2:1-3, 20).

이러한 교사와 장로들은 "믿음에서 떠나 미혹케 하는 영과 귀신의 가르침을 쫓는다"(딤전 4:1). 이런 방법들을 통해 사탄은 자신의 교리를 교회에 들여 놓는다. 그는 거짓 형제들을 교회로 보내어 아이들의 양식을 빼앗게 하고, 교회의 지도자들을 배반하게 한다(고후 11:26). 사탄은 하나님이 하시는 모든 일들을 따라 하려고 시도할 것이다. 하나님이 교회에 주시는 은사들까지도 말이다.

왜 사탄은 성령의 사역을 자신의 거짓된 사역과 맞바꾸려고 할까? 첫째, 그는 자신이 사탄이란 것을 아는 이상 종교적인 사람들은 자신을 거들떠 보지 않으리라는 사실을 잘 알고 있다. 그러므로 그는 이들을 진리에서 멀어지게 하기 위해, 보암직하고 먹음직한, 매력적인 가면을 쓰고 유혹한다. 그러기에 거짓 사역에 빠진 이들도 그들 나름대로는 하나님을 섬기고 있다고 믿는다. 사실, 그들에게는 참되게 믿는 자들이 오히려 거짓에 빠진 자들로 보인다.

둘째, 그가 거짓 사역자들과 교리로 교회를 채우기만 한다면, 그는 손쉽게 분열을 일으킬 수 있고, 교회의 순수함과 힘을 약하게 할 수 있기 때문이다. 셋째, 거짓 사역자들에게 하나님의 은사를 흉내낸 거짓 은사들을 부어, 교회가 초자연적인 은사와 이러한 은사를 받은 자들을 멀리하게 만들고 싶기 때문이나. 사탄의 이러한 전략은 대 성공을 이루었다. 이미 교회에서는 사탄의 거짓 능력을 너무나 과대평가한 나머지, 정작 그들을 이끄시는 예수님의 전지전능하신 능력을 과소평가하게 되지 않았는가?

거짓 예언자

거짓 예언자들은 강력하다. 미래를 예언하고, 증표를 보이기도 하며 이적들을 행하기도 한다(렘 23:10; 사 44:25; 마 7:21-23; 24:24). 그들은 진짜 예언자들에게 피해를 주며, 틈이 날 때마다 박해한다(렘 23:1-17; 요일 4:6). 진짜 예언자들이 하나님의 심판을 포고할 때 거짓 예언자들은 좋은 일들이 있을거라 말하고 다닌다

(렘 23). 그들은 하나님의 사람들 가운데 살며 방종과 악행을 부추긴다(렘 23:14; 계 2:14, 20-23). 그들은 믿음의 본질을 부인한다(벧후 2:1-3). 그러나 거짓 선지자를 구별해낼 수 있는 가장 핵심적인 특징은 바로 사람들을 유일한 신이신 하나님에게서 떠나게 하여 거짓 신들에게로 이끈다는 것이다(신 13:1-5; 렘 23:12; 행 13:6-8).

예언을 하는 중에 실수를 범한 모든 예언자가 거짓 예언자는 아니다. 많은 사람들이 신명기 18:15-22을 잘못 이용하여, 실수로 잘못된 예언을 하는 자는 거짓 예언자이고, 돌에 맞아 죽어 마땅하다고 가르친다. 그러나 신명기 본문을 전체적으로 보면 예언자를 대상으로 쓰여진 말씀이 아님을 잘 알 수 있다. 15절에서 모세는 "네 하나님 여호와께서 너의 중 네 형제 중에서 나와 같은 선지자 하나를 너를 위하여 일으키시리니 너희는 그를 들을찌니라"고 선포했다. 여기서 "나와 같은"은 곧 예언의 특성을 이해할 수 있는 열쇠가 된다. 모세는 성경의 모든 예언자들 중에서도 매우 보기 드문, 유일한 사람이었다(민 12:6-8; 신 34:10-12). 하나님의 언약을 깊이 묵상하는 자로서 모세는 사람과 하나님 모두를 대표하는 대변인이었다. 그가 이스라엘 백성들 앞에서 하나님께서 그들에게 "나와 같은 예언자"를 주실 것이라고 했을 때 그는 메시아를 뜻하고 있었다. 그리고 신약에서도 모세와 같이 기록하고 있다(행 3:17-26; 7:37). 신명기 18:20에 나오는 거짓 선지자들이 죽음을 당한 이유는 그들이 저지른 실수 때문이 아니라, 감히 모세를 흉내내어 사람들을 가짜 신들에게 인도하려 했기 때문이다.

더 나아가서, 예언자가 저지른 실수를 추궁하여 사형의 벌을 내렸다는 뒷받침이 될 만한 성경 구절을 구약에서 찾을 수 없으며, 신명기 18:15-22을 실수한 예언자를 추궁하기 위해 인용한 예도 찾을 수 없다. 오히려 나단 선지자가 주님의 이름으로 다윗 왕에게 주님을 위한 성전을 지어도 좋다는 말을 전하는 실수를 범했을 때, 하나님께서는 단지 나단의 말을 정정하셨을 뿐이다. 그로 인해 나단 선지자를 거짓 선지자라 부르는 자도 없었거니와, 그에게 돌을 던지려는 자도 없었다(삼하 7:1-17).

예수님께서는 능력, 기적, 그리고 예언의 정확성을 기준으로 거짓 선지자를 알아볼 수 있는 것이 아닌, 그들의 사역이 맺는 열매를 보고 구별해 낼 수 있다고 말씀하셨다(마 7:15-23). 그리고 만약 예언자들의 실수가 절대 용납될 수 없었다면, 왜 사도 바울이 "예언하는 자는 둘이나 셋이나 말하고 다른 이들은 분변할 것이요"(고전 14:29)라는 명령을 교회에 내렸겠는가?

내가 좋아하는 두 신학자들 사이에서는 아직도 한창 진행중인 논쟁이 하나 있다. 한 사람은 성경을 통해 이제는 초자연적인 성령의 은사 시대가 아님을 주장하고 있고, 나른 한 사람 역시 성경을 통해 오늘날에도 이와 같은 은사들이 내려지고 있다고 주장한다. 두 사람 모두 주님의 이름으로 자신들의 논리를 공개적으로 강연하고 다닌다. 두 사람이 완전히 상반되는 교리를 가르친다면, 그 둘 중의 하나가 말하고 있는 교리는 분명 잘못된 것일 가능성이 크다. 그러나 내가 아는 사람들은 이들 둘 중 하나를 놓고 거짓 교사라 부르지 않는다. 모든 교사들과 목사, 그리고 선교사들은 실수를 범한다. 사도 베드로 역시 위선된 모습을 안디옥 교인들에게 선도하는 매우 심각한 실수를 저질렀고, 이 때문에 사람들 앞에서 사도 바울에게 매우 심한 질책을 받았다(갈 2:11-21). 그렇다면 우리 역시 예언자들에게 어느 정도의 자비를 베풀어야 하지 않겠는가? 왜 예언자적 사역만이 단 한 번의 실수도 용납될 수 없고, 관대함 속에서 자라날 수 없는 분야가 되어야 하는가?

신약에 나오는 예언자들

우리에게는 전체적인 예언자적 사역을 한 데 뭉뚱그려 이거 아님 저거라고 판단해 버리는 성향이 있다. 이는 성경에 나오는 매우 훌륭했던 이사야나 예레미야를 예언자적 사역 전체의 표본으로 삼고 판단하는 데서 비롯된 실수이다. 이와 같이 역사적으로 길이 남는 훌륭한 예언자들이 일반적인 예언자적 사역을 대표하는 것은 아니다. 여기서 일반적인 예언자들은 구약시대에 있었던 이름없는 예언자들의 학교와 신약 시대에 예언의 은사를 받았던 평신도들을 가리킨다. 만약 모든 교회들이 사도 바울을 교사의 표본으로 삼고, 그와 어깨를 나란히 겨룰 만큼의 훌륭한 교사가 아닌 사람에게는 절대로 교사 직함을 주지 않는다면 어떻게 되겠는가? 이러한 기준을 놓고 판단을 내릴 때, 과연 오늘날 교회에 남아 있을 만한 자격이 되는 교사가 과연 한 명이라도 있을지 의심스럽다.

목표를 높게 잡는 것이 나쁘다는 말이 아니다. 예수님의 삶과 사역, 그리고 그분을 따랐던 훌륭한 제자들의 모습을 닮아 실천하는 것은 분명 우리가 향해야 할 목표여야 한다. 그러나 이와 같이 높은 기준을 놓고 모든 종류의 사역의 옳고 그름을 따진다고 하면, 아마도 대부분의 사역은 거짓이라는 판단을 받게 될 것이다.

나의 개인적인 목표는 사도 요한처럼 주님을 사랑하고, 사도 바울과 같은 훌륭한 교사가 되는 것이다. 그러나 그 목표를 달성하기에 나는 아직도 턱없이 부족하다. 어쩌면 평생 그 목적지에 도달하지 못할 수도 있고, 그 근처에도 가지 못할 수도 있다. 그렇다고 해서 주님을 향한 나의 사랑이 거짓이고, 내가 받은 가르침의 은사가 가짜일까? 그렇게 생각하지 않는다.

신약의 예언자들을 살펴 보기 위해서는 신약에서 사용하는 용어들을 잘 이해하고 있어야 한다. 예를 들어, 사도 바울은 크리스천을, "영적인", 그리고 그 반대를 "세속적인"(KJV), "육적인"(NASB), 또는 "세상적인"(NIV, 고전 3:3)이란 서술어로 표현한다. 영적인 기독교인은 주님과 함께 항상 동행하므로 그들의 삶에서 영적인 열매를 맺은 자들이다(갈 5:22-23). 세속적인 기독교인은 영적인 상태로 들어갈 수 있는 많은 기회가 있었음에도 불구하고 잘못된 것을 돌이키지 않아 결국은 계속 비성숙한 크리스천의 자리에 머물러 있다. 이러한 자들은 참회보다는 비난하기를 더 좋아한다. 아직 믿음이 자라지 못한 기독교인들 중에는, 믿은지 얼마 안되어서 성숙할 시간이 없었던 이들도 있다.

예언자들도 이러한 범주 안에 든다. 성품과 은사가 매우 성숙한 영적인 예언자가 있는 반면에 아직 미성숙하나 계속해서 자라고 있는 초보 예언자들도 있다. 예언자로서의 재능은 뛰어나나 성품이 모자라 성령의 열매보다는 불화만 일으키는 세속적인 예언자들도 있다. 은사적인 면에서 보면, 초보 예언자와 세속적인 예언자는 비슷한 맥락이라고 할 수 있다. 이 두 종류의 예언자를 분별하려면 영적인 눈으로 바라보거나 그들의 사역을 장기간 살펴봐야 한다. 마지막으로, 예언의 은사는 뛰어나지만 아직 새 사람으로 태어나지 못하여 사람들을 주님에게서 멀리 떠나게 만드는 거짓 예언자가 있다.

거짓 예언자인가, 세속적인 예언자인가?

예수님께서는 말세에 "거짓 선지자가 많이 일어나 많은 사람을 미혹하게 하겠으며"(마 24:11), "거짓 그리스도들과 거짓 선지자들이 일어나 큰 표적과 기사를 보여 할 수만 있으면 택하신 자들도 미혹하게 하리라"(마 24:24)고 말씀하셨다. 뉴에이지 운동은 어떻게 보면 예수님의 이 말씀이 실현되는 시작인지도 모른다. 나는 이제까지 그렇게 많은 거짓 예언자들을 만난 적이 없었다. 사실 거짓 예언자보다는 세속적인 예언자들이 훨씬 더 큰 문제를 야기하고 있다. 그러나 예언자적 사역의 규모가 커지면서 거짓 예언자들의 수는 더 증가하리라고 본다. 그리고 이것은 바로 말세가 점점 가까이 오고 있다는 표시일 것이다.

거짓 선지자를 분별하는 법

거짓 선지자를 어떻게 구별해낼 수 있을까? 유다서 4절에서 19절은 아마도 거짓 사역의 양상을 가장 훌륭하게 서술해 놓은 유일한 성경구절일 것이다. 유다가 기록해 놓은 거짓 예언자를 분별하는 첫번째 근거는 바로 "예수 그리스도를 부인한다"(4절)는 것이다. 이러한 자들의 사역 동기는 바로 분노와 거절의 원조인 "카인의 길"을 따르고자 하는 것이다. 또한 욕심과 부도덕으로 인한 "발람의 오류"나, 하나님께서 기름부으심으로 세우신 지도자들을 향한 질투로 비롯된 "고라의 반란"은 모두 그들의 동기가 된다. 그들의 사역은 부도덕과, 권위에 대한 반항, 이기심, 조작과 불평, 힐책과 아첨과 헛된 자랑, 그리고 자신을 믿는 이들을 실망시키는 행위들로 가득하다. 그들은 "당을 짓는 자며 육에 속한 자며 성령은 없는 자"(19절)인 고로 사악하고 희망이 없다. 유다의 이러한 묘사는 거짓 예언자에게만 국한된 것이 아니라 거짓 사도, 교사, 그리고 장로들에게 까지 적용된다.

거짓됨을 확실하게 분별하기 위해, 거짓 예언자에게 항상 함께 나타나는 두 가지 경향에 주목하자. 첫째, 거짓 사역은 하나님의 말씀, 곧 성경을 부인한다. 논쟁의 여지가 있는 성경 구절을 놓고 다른 해석을 내어 놓는다는 것이 아니라, 보다 핵심적이고 기초적인 성경의 교리를 부인하는 것이다. 둘째, 사탄은 성령의 열매를 맺을 수 없다. 그러므로 거짓 사역에는 영적인 삶과 열매가 결여되어 있다. 영적인 열매와 삶이 없는 거짓 예언자라면 구별해 내기가 쉬울 것이라고 생각할지 모르겠지만, 사실은 그렇지 않다.

거짓 사역자들은 자신들이 믿는 것을 드러내고 말하지 않는다. 그리고 그들의 가짜 교리나 거짓은 매우 매력적이다. 더 어려운 것은 그들에게 정당성을 입증할 만한 어느 정도의 능력이 있다는 것이다. 그늘은 자신들의 본성과 믿는 것을 드러내놓기 전에 이 모든 것들을 사용하여 든든한 버팀목을 세워 놓는다. 예수님은 말세에는 이러한 자들의 거짓 능력이 너무 뛰어나 "큰 표적과 기사를 보이어 할 수만 있으면 택하신 자들도 미혹하게 하리라"(마 24:24)고 말씀하셨다. 이러한 자들의 거짓 사역을 구별하는 가장 좋은 방법은 바로 진리이신 하나님께서 주시는 통찰력을 갖는 것이다. 하나님께서는 우리에게 성령을 선물로 주셨다. "우리가 이것을 말하거니와 사람의 지혜의 가르친 말로 아니하고 오직 성령의 가르치신 것으로 하니 신령한 일은 신령한 것으로 분별하느니라"(고전 12:12). 이로 인해 우리는 사탄의 거짓 은사들을 물리칠 수 있다. 어떤이들에게 주님께서는 "영들을 분별"(고전 12:10)할 수 있는 능력을 주셨다.

그들은 성령이 하시는 일과 사탄이 하는 일, 그리고 사람이 하는 일들을 구분할 수 있다.

실수를 범한 예언자가 곧 거짓 예언자는 아니라는 설명이 있는 8장의 처음으로 되돌아가 보자. 그 실수를 했던 예언자는 기초적인 교리를 부인하지도, 사람들을 하나님에게서 멀어지게 하고 가짜 신들과 부도덕에 빠지도록 인도하지도 않았다. 그러나 그를 찾아온 세 명의 사람들에게는 놀랍도록 명확한 계시를 전해주고 네번째 사람에게는 터무니 없는 계시를 전달하는 실수를 범했다. 왜 이런 오류가 일어난 것일까?

사탄의 역사를 초래하는 죄

과연 사탄이 진정한 하나님의 예언자를 속일 수 있을까? 기독교인도 귀신들릴 수 있는지 없는지를 논의하고 싶은 마음은 없다. 하지만 믿는 사람이라도 사탄의 영향을 받을 수 있기에, 이에 대해 몇 가지를 언급해보려 한다. 성경에서는 아래와 같은 죄들중 우리가 알고 지었으면서도 오랫동안 회개하고 있지 않을 때, 우리의 삶에 사탄이 들어올 틈이 생긴다고 가르치고 있다:

1. 분노와 용서하지 못하는 것(엡 4:26-27; 고후 2:9-11)
2. 정욕, 성적 타락이나 변태(고전 5:5)
3. 미움과 폭력(눅 9:54-56 [KJV]; 요 8:44)
4. 시기, 질투, 이기적인 야심(약 3:13-18; 삼상 18:8-11)
5. 마술과 점성술을 행함(레 19:31; 신 18:9-13; 행 16:17-18)
6. 우상숭배나 욕심(고전 10:20; 계 9:20; 딤전 6:9; 골 3:5)
7. 하나님을 모독하는 것(딤전 1:20)

이러한 죄를 마음속에 숨기고 있을 때, 사탄은 예언자의 마음에 들어와 하나님이 주시는 계시를 왜곡하여 듣게 하거나 더 심하게는 가짜 계시를 듣게 하기도 한다. 그렇다면 그 목사에게 계시를 준 예언자가 귀신들려 있었다는 말인가? 그렇지 않다. 예언자의 실수 뒤에는 악한 영의 간계 외에도 여러 가지 원인이 있다.

우리가 예언자에게 끼칠 수 있는 악영향

우리가 거짓에 속는 것은 꼭 사탄 때문만은 아니다. "만물보다 거짓되고 심히 부패한 것은 마음이라"(렘 17:9)고 한다. 사실 사람은 자기 자신에게도 거짓말을 한다. 기억할 것은 우리가 하나님의 음성을 들으려고 할 때 항상 다음과 같은 세 가지 단계를 거쳐야 한다는 것이다: 바로 계시, 이에 대한 해석, 그리고 적용이다. 우리는 자신의 생각을 하나님의 계시로 착각할 수도 있고, 하나님의 계시를 잘못 해석하거나 적용하기도 한다. 무엇이 이러한 단계들을 올바르게 오르지 못하게 오염시키는가?

주님은 우리가 여호와를 기뻐하면 저가 우리 마음의 소원을 이루어 주실 것이라고 약속하셨다(시 37:4). 우리가 하나님보다 다른 것들을 더 기뻐할 때, 우리의 욕망은 우리를 잘못된 길로 이끈다. 사도 바울은 이러한 논리를 로마서 8:5에서 설명하고 있다: "육신을 좇는 자는 육신의 일을 영을 좇는 자는 영의 일을 생각하나니." 정상적으로 자라고 있는 기독교인의 마음은 하나님을 향해 있고, 그분을 기뻐한다. 이를 이탈할 때, 우리의 욕망은 곧 우리의 적이 된다. 욕망은 우리의 마음을 속이게 하고(엡 4:22), 우리를 타락하게 하며(벧후 1:4), "세상의 염려와 재리의 유혹과 기타 욕심이 들어와 말씀을 막아 결실치 못하게"(막 4:19) 한다. 그러므로 잘못된 욕망은 하나님의 음성을 듣기 위해 거쳐야 하는 세 가지 단계가 제대로 이루어질 수 없도록 마구 뒤흔들어 놓는다. 너무나 치명적인 욕망 중 하나는 바로 예수님 없이 살려는 마음이다. 예수님이 마음에 없는 자는 하나님의 음성을 들을 수 없다(요 5:37, 44).

두려움과 판단하는 마음과 같이 죄스러운 태도를 가진 사람은 계시를 듣기가 힘이 들어 형제를 판단하는 마음으로 살게 되며 나중에는 눈이 어두워져 형제 눈의 티는 보고, 막상 자신의 눈속에 있는 들보는 깨닫지 못하게 된다(마 7:3-5). 자신을 분노하게 하는 사람에 대해 부정적인 비전을 가지고 있는 예언자는 이로 인해 하나님의 의를 이루지 못하고, 이로 인해 자신의 은사를 썩히는 어리석은 행동을 하는 셈이다(약 1:20).

예언자는 하나님과의 친밀한 교제보다는 자신의 은사를 발전시키기 위한 노력에 더 많은 시간을 쏟으며 지내는 기간을 거치게 될 것이다. 하나님과의 교제에 힘쓰기 보다는 하나님의 사역을 이루는데 집중한다. 목사나 교사, 그리고 선교사들도 이러한 경험을 하게 된다. 그리고 이에 대한 결과는 뻔하다. 우리의 삶에서 기쁨과 평안이 사라지는 것은 물론, 우리의 사역 역시 그 힘을 잃고 비틀거리게 된다. 예언자의 경우, 그는 계시를 받지 못하거나, 하나님께서 계시를 주시더라도 제대로 듣지 못한다.

자기가 속한 문화의 영향을 받지 않는 사람은 없다. 이는 올바른 계시를 받지 못하게 방해하는 또 다른 요인이다. 무의식중에 가지고 있는 문화적인 의식은 하나님의 계시를 잘못 이해하게 만든다. 어떤 때는 새로운 신학적인 이론에 젖어 성령님께서 주시는 말씀들을 모두 그 새로운 이론에 맞추려고 할 때도 있을 것이다.

어디를 가든지 사람들이 우리에게 끼치는 영향을 무시할 수 없다. 사람인 이상 다른 사람들에게서 인정받고자 하는 유혹을 뿌리치는 것은 매우 힘들다. 특히 그 대상이 유명하고 영향력있는 인사일 경우에는 더더욱 그렇다. 매우 성숙한 예언자들도 아주 강력한 인사의 초청이 곧 하나님의 초청인양 발벗고 나서서 따라다니다가, 실망과 실패만 돌려받는 것을 보았다. 성경에 기록된 훌륭한 예언자들은 이 땅을 다스리는 세상의 왕으로 인해 감탄하지 않고, 오직 하늘과 땅의 왕되시는 하나님을 바라보았다.

나를 포함한 세 사람에게는 명확한 계시를 주고, 다른 한 사람에게는 실수한 예언자이고 아마 이러한 덫에 걸려 넘어진 것이 아닐까? 그 예언자는 앞에 앉아 있던 그 목사보다는 그가 알고 있는 저명한 인사들을 의식하고 있었다. 만약 그 목사를 감동시킬 수 있다면, 그를 통해서 많은 연줄을 만들 수도 있기 때문이다. 어쩌면 다른 문제 때문이었을지도 모른다. 그렇지만 분명 이유가 있을 것이고, 오랫 동안 생각해본 결과 위와 같은 결정을 내리게 된 것이다.

사도 바울은 이 모두를 한 마디로 정리했다: "이제 내가 사람들에게 좋게 하랴 하나님께 좋게 하랴 사람들에게 기쁨을 구하랴 내가 지금까지 사람의 기쁨을 구하는 것이었더면 그리스도의 종이 아니니라"(갈 1:10). 사도 바울은 하나님이 아닌 사람을 기쁘게 하려 할 때 유혹에 빠지기가 얼마나 쉬운지 잘 알고 있었다.

그렇다면 예언자로서 어떻게 이러한 거짓에 빠지지 않을 수 있을까? 바로 모든 믿는 이들에게 적용되는 이 철칙을 지키는 것이다: 사람보다는 하나님의 기쁨을 구하고, 그 무엇보다도 하나님을 기뻐하며, 자신의 사역보다 하나님을 더욱 사랑하는 것.

4
예언의 은사를 키우는 법

천 명이나 되는 관중을 바라보며 강단 위에 서있던 내게 불길한 일이 다가오고 있었다. 그 당시에 나는 미처 눈치채지 못하고 있었다. 대신 나는 하나님께서 누군가의 영혼을 자유롭게 하기 위해 내게 영광스러운 계시를 내려 주실 것이라 믿어 의심치 않고 있었다. 결국 하나님께서는 계시를 내려주셨지만, 그와 함께 굴욕을 포함하시는 것도 잊지 않으셨다.

나를 초대한 교파의 교회에서는 이틀에 걸쳐 강연해주기를 바랬는데, 하나는 하나님의 음성을 듣는 법, 다른 하나는 치유하심에 관한 강연이었다. 그 교회 입장에서는 사실 무리가 따르는 결정이었다. 나는 그들과 같은 교파도 아니었고, 하나님의 음성과 치유에 관한 설교는 물의를 일으킬 여지가 컸기 때문이다.

나는 든든한 예언자 친구와 동행했다. 하나님의 음성을 듣는 법에 대한 메시지 전달은 매우 수월하게 전할 수 있었다. 그리고 이에 대해 실연할 순서가 되었다. 하나님의 음성에 관련된 메시지를 전하면서 하나님께서 말씀하시고, 그 음성을 사람들이 들을 수 있는 기회를 만들지 않을 수는 없다. 우리는 모두 고개를 숙이고 조용히 기다렸다. 그때 나는 아주 강한 감동을 받았고, 첫번째로 입을 열었다. 꽉 차 있는 강당의 뒤쪽을 가르키며 "그 뒤쪽에서 오른편에 계신 분 중에 편두통으로 고생하고 있는 사람이 있습니다. 아니, 지금 이 시간에 편두통 때문에 힘들어 하시는 것 같군요. 지금 강단 앞으로 나오신다면 주님께서 당신을 고쳐주실 것이라 생각합니다."

나의 마음은 자신감으로 가득차 있었다. 주님의 계시와 주님이 그 사람을 고치실 것에 대한 확신으로 가득찬 나는 여유만만했다. 그런데 아무도 움직이지 않고 있었다. 나는 다시 반복해서 말했다. 아직 아무도 움직이지 않았다. 나의 자신감이 사라지면서 나의 몸은 땀으로 흠뻑 젖어 버렸다. 사람들은 불쌍한 눈으로 나를 바라보고 있었다. 마치 "이런 불쌍한 양반을 보았나. 가르치기는 쉬워도 시범을 보여주기는 힘든가보군"이라고 말하는 것 같았다.

그렇게 구슬같은 땀방울을 흘리며, 무언의 비웃음을 받고 있으려니, 내 정신이 아니었다. 나는 진짜 예언자 친구를 강단 옆에 세워놓고 혼자 바보짓을 하고 있는 사람으로 하락해 있었다. 예언자 친구 필 엘스턴이 내게 자비를 베풀었다. 그는 두번째 줄에 나란히 앉은 다섯 남성들에게 물었다. "당신 다섯이 어떤 공통점을 소유하고 있는지 아십니까? 모두 목사님들이시군요. 그리고 이런 주제의 강연을 승인하지 않는 교파에 속해 계시군요."

그가 한 말은 모두 사실이었다. 전혀 만난 적 없는 이들 다섯 사람에게 필은 계속해서 예언의 메시지를 전했고, 이를 본 관중들은 놀라움을 금치 못했다. 필의 계시를 듣는 동안 관중은 나의 실수에 대해 전부 잊은 듯 했다.

모임이 끝나고, 앞에 나온 사람들을 위해 기도를 하고 있으매, 한 20살 쯤 되어 보이는 젊은 청년이 내게 다가와 말했다. "제가 본 중에 가장 놀랍고 신기한 일이었습니다!"

"무슨 말씀이신지?"

"제가 앉아 있는 뒷 줄을 가리키시면서, '그 뒤에 계신 분 중 누군가가 편두통으로 고생하고 계시는군요. 지금 이 시간에도 말입니다'라고 말씀하신 것 말입니다. 아까 뒤쪽을 손가락으로 지목하셨을 때, 바로 저를 향하고 있었어요! 저는 몇 년간 편두통으로 고생을 했고, 말씀하신 그 순간에도 편두통으로 힘들어하고 있었지요. 도대체 어떻게 아신거죠?"

"잠깐만요. 제 손가락이 당신을 지목했는데도 왜 앞으로 나오지 않은건가요?"

"모르겠어요. 생전 이런 모임에 와보지 못했거나, 아님 사람들이 너무 많아서였겠지요. 그냥 두려웠습니다."

"편두통은 좀 어떻습니까?" 내가 물었다.

그는 "그게 정말 신기하단 말입니다. 모임이 끝나고, 당신을 향해 걷기 시작하자 곧 사라졌어요. 이제껏 편두통이 그런 식으로 가라앉은 적이 없었답니다. 치유를 받은 것 같아요!"

주님이 시키시는 훈련에 순응하기

편두통에 대해서 내가 맞았을지는 모르나, 그 자리에 모인 모든 이들은 내가 실패했다고 생각하며 돌아갔다. 그러나 두번째 강연이 그 다음날 있었으므로 내가 원하기만 했다면 오해를 풀 수도 있었다. 과연 그래야 했을까? 그럼 오해를 풀기 위한 동기는 무엇이 되는가? 하나님께 영광 돌리기 위해서인가, 아니면 내 자신의 영광을 위해서인가? 하나님의 명성을 회복하기 위해서인가 아니면 나의 평판을 위해서인가?

만약 나의 실패를 계획하신 분이 하나님이었다면? 만약 주님을 섬기는 나의 동기를 시험하는 것이었다면? 만약 주님께서 그의 사랑하시는 아들을 위한 훈련을 하신 것이라면(히 12:6)? 만약 이러한 훈계를 받아들일 수 없다면 내게는 이러한 시험이 반복되어 내려질 것이다. 자신의 사역에 대한 동기를 정화하는 데 공개적인 모욕만큼 좋은 약이 없다. 예언자적 사역을 시작하며 나 역시 수많은 창피를 당하는 경험을 했기에 잘 이해할 수 있다.

이제까지 그 어떤 예언자나 기름 부음을 받은 자라고 해도 창피를 당하는 훈련이 필요치 않은 사람은 없었다. 사도 바울은 하나님께서 그의 종들이 시험을 이겼음에도 불구하고 어떤 때는 마치 실패한 듯 느끼도록 허락하시기도 한다는 사실을 알고 있었다(고후 13:7).

모든 예언자적 사역자들이 받아야 하는 또 다른 훈련은 바로 "작은 일의 날"(슥 4:10)을 견뎌내는 것이다. 모든 예언자들이 사람들에게 가장 놀라운 비밀을 말하고 싶겠지만, 시작에는 항상 평범한 계시를 받게 된다. 아무도 처음부터 한 나라의 계시를 예언하는 일을 할 수 없다. 그렇다고 하나님께서 초보자는 절대 쓰시지 않는다는 말이 아니다. 한 평범한 메시지라 할지라도, 그것이 주님께서 말씀하신 것이고, 또한 적시에 선포될 때 그 어떤 계시보다도 강력할 것이다. 작은 시작을 얕보지 말기 바란다. 사역 그 자체보다 주님을 더욱 갈망하는 삶을 살 때, 당신의 미래는 번창할 것이다(욥 8:5-7).

기도와 실행, 그리고 모험

당신이 받은 은사의 정도에 만족하는가? 만약 그렇지 않다면 야고보의 기록을 잊지 말자: "너희가 얻지 못함은 구하지 아니함이요"(약 4:2). 자신이 받은 예언의 은사를 훈련시켜달라고 매일 하나님께 기도하라. 계시의 명확성을 증진시켜달라고 구하라. 당신의 사역에 관해 특정한 부분들을 자세히 말씀드리라. 당신의 은사가 계속 그대로 머물러 있는지, 자라고 있는지 알 수 있을 것이다. 자신이 받은 은사를 사용할 수 있는 기회를 달라고 기도하라.

그러나 자신의 은사를 완전하게 하는 것보다는 자신의 인격을 깨끗하게 해달라고 기도하는 데 항상, 그리고 더욱 힘써야 한다. 주님을 섬기기 위해서는 은사보다 중요한 것이 있다. 바로 사람의 중심, 곧 마음이다. 삼손을 기억하자. 그는 자신의 놀라운 힘을 감당할 수 있는 인격이 없었다. 결국 그는 여자의 유혹에 빠져 자기가 받은 은사와 하나님을 향한 마음을 잃었다. 많은 예언자들이 자신이 받은 은사를 감당할 만한 그릇이 되지 못해 유혹에 걸려 넘어지는 모습을 많이 볼 수 있다. 하나님께서는 우리에게 은사를 주시고, 이를 사용하여 우리 자신이 아닌 하나님을 올바로 섬길 수 있는 인격을 키우는 데 힘쓰기를 원하신다.

주님께 멘토를 보내 주셔서 당신의 은사와 인격을 키울 수 있게 해달라고 간구하자. 주님께서는 나의 기도에 응답하시고 내가 다른 훈련의 단계에 이를 때마다 이에 적합한 멘토들을 보내주셨고, 아무리 생각해도 그들이 내 인생에 끼친 영향들을 다 설명할 수 없을 것 같다. 또한 주님께 당신이 누군가의 멘토 역할을 할 수 있도록 도움을 달라고 기도하라(딤후 2:2). 남을 가르치고 훈련시키는 과정을 통해 당신도 성장하게 된다.

아무 것도 실행에 옮기지 않고 무언가를 배울 수는 없다. 성숙한 예언자들은 모두 "자각을 사용하므로 연단을 받아 선악을 분변하는 자들이니라"(히 5:14)고 성경은 말한다. 이는 마치 아무런 훈련 없이 훌륭한 운동선수가 될 수 없는 것과 마찬가지이다. 그러므로 끈기 있는 운동 선수같이, 연습을 게을리하지 말고 원하는 결과를 얻을 때까지 계속 고군분투하자.

내 예언자 친구들 중 한 사람인 스티브 톰슨은 은행이나 슈퍼마켓에 갔을 때 그 자리에 있는 낯선 이들에 관해 주님이 말씀해 주시기를 항상 기도한다. 그는 은행에 있을 때 주님께서 한 은행 직원에 대해 말씀하셨다고 생각하는 즉시 일어나 거침없이 실행에 옮긴다. 은행 직원에게 다가간 그는 아주 순진하고 친근한 얼굴로 묻는다.

"혹시 달라라는 여동생이 있으신가요?"

"아니요. 왜 묻습니까?"

"아, 죄송합니다. 제가 다른 사람과 혼동한 것 같습니다."

손해 본 것은 아무 것도 없다. 스티브 외에 이를 아는 사람은 아무도 없으니까 말이다.

그러나 스티브의 경우에 상대방은 대부분 이렇게 되묻는다. "네, 그렇습니다만, 어떻게 아셨지요?" 그러나 문제는 여기서 시작된다. 대화가 이렇게 진행되는 이상, 이것은 더 이상 단순한 연습상의 실행이 아닌 것이다. 하나님께서 이 여인에게 말씀하시고자 하는 것이 분명 있다는 것이 증명되었기 때문이다. 여기서 말하는 이와 듣는 이 모두에게 모험은 시작된다.

그 어떤 계시라도 말하기 전에 미리 판단해서는 안된다. 그러나 우리는 완벽주의를 추구하는 사람들이다. 어렸을 때 이런 말을 듣지 않고 자란 사람은 아마 없을 것이다. "제대로 하지 않은 일은 가치 없는 일이다." 물론 뜻 자체로는 좋은 말이다. 그러나 우리가 듣지 못한 중요한 말이 있다면 바로 일을 제대로 하기 위해서는 실패의 경험 또한 빼어 놓을 수 없는 중요한 요소라는 것이다.

은사를 간구하기 위해서는 믿음이 필요하다. 은사를 키우기 위해서는 훈련이 필요하다. 이를 통해 누군가를 축복하는 모험을 하기 위해서는 용기가 필요하다. 아니면 그냥 모험없이 안전한 항해를 할 수도 있다. 그러나 그렇게 되면 진짜 은사를 사용해야 할 때, 어떻게 사용해야 할지 몰라 허둥되게 된다. 열심히 기도하고, 열심히 실행에 옮기며, 이러한 사역을 감당할 수 있도록 도움을 줄 수 있는 사람들을 열심히 찾으라.

예언자적 공동체

구약에 보면 예언자들을 위한 학교가 있었음을 알 수 있다. 잠언 13:20은 이의 필요성을 설명하고 있다: "지혜로운 자와 동행하면 지혜를 얻고 미련한 자와 사귀면 해를 받느니라." 함께 다니는 사람의 영향을 많이 받게 된다면, 친구를 사귐에 있어 지혜롭게 해야 할 것이다. 구약의 예언자들은 이를 알았고, 그렇게 살았다. 그들은 "철이 철을 날카롭게 하는 것같이 사람이 그 친구의 얼굴을 빛나게"(잠 27:17) 한다는 사실을 잘 아는 사람들이었을 것이다. 같은 동역자인 예언자들과 함께 있을 때 우리는 많은 자극을 받을 수 있다. 우리가 경험한 일들을 다시 생각하게 되고, 다른 이들이 경험한 것들을 나누며 더욱 성숙하게 자랄 수 있으며, 더욱 믿음을 가지고 자신의 은사를 키워나가며 부지런하게 성경말씀을 묵상할 수 있도록 자극 받는 기회를 줄 것이다.

  가장 본받을 만한 예언자적 공동체는 구약의 예언자 학교가 아닌 신약의 안디옥 교회에서 찾을 수 있다. 안디옥 교회에서는 선지자들과 교사들이 함께 사역했다(행 13:1-3). 교사와 선지자들은 서로가 서로에게 도움을 줄 수 있으며, 서로의 약함을 보완할 수 있다. 문제는 이런 교회가 극히 드물다는 것이다. 오늘날 이러한 예언자적 교회나 학교, 컨퍼런스는 많지는 않지만 몇몇 훌륭한 곳이 있기는 하다. 이와 같은 기관들을 열심히 찾는 것은 분명 그만한 가치가 있는 일일 것이다. 왜냐하면 이를 통해 더욱 예수님께 초점을 맞출 수 있고, 서로 감싸고 사랑하는 기회를 가질 수 있으며, 거짓된 유혹으로부터 보호받는 환경을 갖출 수 있게 되기 때문이다. 올바른 예언자적 공동체는 누구나 겪는 피해갈 수 없는 실패를 겪을 때, 이를 통해 오히려 무언가를 배울 수 있도록 돕는다.

실패를 통한 깨달음

  성공은 성공을 낳는다. 지혜로운 사람은 실패만한 스승이 없다는 사실을 잘 안다. 우리는 실패할 때마다 새로운 것을 배우게 된다. 실패를 통해 아무 것도 배우지못하는 방법은 누군가에게 책임을 돌리고 비난하는 것이다. 실패의 원인은 항상 우리 안에 있는 것이지, 남에게 있지 않다. 개인적으로 나는 실패를 통해서 내가 거둔 모든 성공을 통해서도 배우지 못할 많은 것들을 배운다. 예를 하나 들어보겠다.

최근에 가진 큐티 시간에 나는 결혼 생활이 실패의 길을 걷게 되는 주요 원인에 대한 감동을 처음으로 (내게는 처음이었다) 받았다. 여러 종류의 단계들을 보며 나는 처음의 열정에 불을 붙일 수 있는 해결책을 보았다고 생각했다. 방금 깨달은 것들을 설교하고 싶은 나는 주일이 너무 멀게만 느껴졌다. 나는 교인들이 이 설교를 감사하는 마음을 가지고 열심히 경청할 것이라 믿었다. 그러나 내가 생각했던 일은 일어나지 않았다. 대신 설교가 끝났을 때 교인들은 우울한 모습을 하고 있었다. 내 마음은 희망과 변화를 원하여 한 일이었지만 그들에게는 죄책감과 실족만을 초래했던 것이다. 도대체 이유가 무엇일까?

가장 쉬운 해결책은 무감각한 교인들을 탓하는 것이었다. 그러나 나는 그들을 잘 알고 있었다. 무감각한 사람들이 아니었다. 아니면 때가 좋지 않았다고 탓할 수도 있었다. 때는 1월이었고, 모든 이가 성대한 크리스마스 뒤에 쓸쓸함을 느끼는 달이었기 때문이다. 그러나 무언가에게 책임을 돌리는 대신 나는 기도했다. 하나님께서 주신 메시지라고 생각하고 전한 설교가 왜 이들을 우울하게 만들었는지 그 이유를 물었다. 그리고 바로 그 순간, 주님께서 응답하셨다.

"설교 시간 내내 사랑이 죽었다는 데 요점을 두고 말하지 않았니, 사랑을 다시 살리는 일에 대해서는 고작 설교 시간 마지막 몇 분 동안만 말했는데, 만약 그 반대였다면 사람들은 그 메시지를 통해 실망보다는 희망을 가졌을테지."

너무나 옳은 말씀이었다. 죽음을 정확히 묘사한다고 죽어가는 사람이 살겠는가? 원인 분석으로는 아무 것도 치유할 수 없다. 나는 치유의 말씀이 아닌 원인 분석을 하는 데 긴 시간을 소비했다. 이 실패를 통해 나는 가르치는 사역에 있어서 크나큰 축복을 받아, 계시의 말씀이 그 힘을 모두 발휘할 수 있도록 설교하는 법을 배우게 되었다. 실패를 했을 때 남이 아닌 내 자신에게 초점을 맞출 수 있도록 나를 이끌어준 말씀들을 나누고 싶다. 이 말씀들은 내가 남을 비난하고 원한을 품지 않도록 나를 지켜주었다.

>"하나님이여 나를 살피사 내 마음을 아시며
>　나를 시험하사 내 뜻을 아옵소서
>내게 무슨 악한 행위가 있나 보시고
>　나를 영원한 길로 인도하소서"(시 139:23-24)

>"슬기로운 자의 지혜는
>　자기의 길을 아는 것이라도"(잠 14:8)

>"슬기로운 자는 그 행동을 삼가느니라."(잠 14:15)

>"내가 보고 생각이 깊었고
>　내가 보고 훈계를 받았었노라."(잠 24:32)

이 성경말씀들은 곧 나의 기도였고, 매일 아침 간구하는 제목이었다. 이 기도 제목에 더욱 매달렸던 이유는, 나이가 들어감에 따라 내 실패에 관해 진정한 이유를 깨닫는 데 내 자신이 얼마나 어두운가를 새삼 깊이 깨달았기 때문이다. 내 마음의 문을 주님을 향해 활짝 열고 있을 때 주님께서 자비를 베푸시고 말씀하셔서, 뒷걸음질 치던 나의 발길을 앞으로 옮기신다는 것을 깨달았다.

실수를 했을 때, 모든 위대한 영적인 지도자들, 오직 한 분만을 제외하고, 역시 많은 잘못을 저질렀었다는 사실을 기억하고 모두 털고 일어나자. 실수를 범할 때마다 그들은 자기 자신에 대한 자신감을 조금씩 잃어가는 반면, 주님을 향한 확신을 얻었다. 당신이 최근에 저지른 잘못은 무엇이며, 이를 통해 무엇을 향상시키고 있는가?

거절 속에서의 기쁨

예언자들은 거절당할 때 직업적인 어려움을 겪게 된다. 재능이 클수록, 거절의 정도 또한 강하다. 예언자를 거절하는 첫번째 사람들은 평신도가 아닌 종교 지도자들이다. 예언자 중에서도 가장 높으신 예수님은 "장로들과 대제사장들과 서기관들에게 버린바"(막 8:31) 되었다고 했다. 주님은 제자들에게 버림받을 것을 각오하라고 말씀하신다.

> "인자를 인하여 사람들이 너희를 미워하며 멀리하고 욕하고 너희 이름을 악하다 하여 버릴 때에는 너희에게 복이 있도다 그날에 기뻐하고 뛰놀라 하늘에서 너희 상이 큼이라 저희 조상들이 선지자들에게 이와 같이 하였느니라."(눅 6:22-23)

그렇다면 종교지도자들이 진정한 예언자들을 인정하지 않는 이유는 무엇인가? 예언자는 그들에게 위협이 되기 때문이다. 하나님께서는 잘못된 관습과 우선 순위를 재정립하시기 위해 예언자를 사용하신다. 관습에 젖은 지도자들은 하나님의 음성을 듣는 것 보다 자신들의 위치를 고수하는 데 급급하다. 물론 그들은 자신들의 그러한 모습을 보지 못한다. 그들은 자신들이 급진적인 사람들의 도전으로부터 기독교의 정통성을 지키고 있다고 믿는다. 그들이 하는 말을 들어보면 그들의 정체를 알 수 있다: "그건 장로교와 상반되는 말이에요!" 또는 "침례교에선 그렇지 않아요!"라고 한다. 그들은 마치 하나님이 그들 교파만의 주님인양 행동하며, 하나님이 직접 그들과 의논하시지 않는 이상 그들의 정통성을 바꾸는 것에 대해서는 상상도 하지 않는다.

만약 예언자의 능력이 보잘 것 없다면 종교 지도자들은 쉽게 그들을 무시할 수 있을 것이다. 그러나 성령님께서 예언자의 머리에 위에 함께 계시며 권능을 부어 주실 때, 종교 지도자들의 거부 반응은 더욱 커져 마침내는 박해가 가해진다. 종교 지도자들은 예언자가 비성경적이고, 분열을 야기하며, 심지어는 악한 영에 사로 잡혀 있다고 비난할 것이다. 하나님의 기름부음을 받은 사람 치고 이러한 비난을 피해간 적은 없었다.

하나님의 중요한 임무를 띤 사람들은 논쟁의 대상이 된다. 예수님과 사도들, 그리고 하나님의 역사하심이 일어날 때마다 그 주위를 감싸고 일어난 논쟁과 다툼을 생각해 보라. 하나님께서 남기신 역사의 흔적들을 살펴보면, 뛰어난 정치적 교묘함으로 오랫동안 살아남은 정통파 종교 지도자들이 주님의 기름 부으신 자들을 미쳐 알지 못하고 박해했던 사건들을 많이 볼 수 있다.

이러한 박해는 이미 예언되어 있었다. 주님께서는 제자들에게, "나를 인하여 너희를 욕하고 핍박하고 거짓으로 너희를 거스려 모든 악한 말을 할 때에는 너희에게 복이 있나니"(마 5:11)라고 말씀하셨다. 나는 이러한 예수님의 예언이 이루어지는 것을 많이 목격했다. 성경을 믿는 지도자들 가운데서도 예언자를 따르는 무리들을 흩기 위해 역겨운 거짓말과 거짓 소문들을 퍼뜨려 박해를 가하는 사람들이 많다.

　이러한 박해를 받을 때 즐거워해야 한다. 그 이유는 무엇인가?

　첫번째는 주님께서 "나를 인하여 너희를 욕하고 핍박하고 거짓으로 너희를 거스려 모든 악한 말을 할 때에는 너희에게 복이 있나니 기뻐하고 즐거워하라 하늘에서 너희의 상이 큼이라 너희 전에 있던 선지자들을 이같이 핍박하였느니라"(마 5:11-12)고 하셨기 때문이다.

　두번째는, 거절과 박해는 아주 중요한 가르침의 도구가 되기 때문이다. 이는 사역을 감당하는 우리의 동기를 더욱 새롭게 하고, 사랑 안에서 성장할 수 있는 좋은 기회를 마련해준다(마 5:43-48). 언젠가 마이크 빅클이 몇 달간이나 지속되는 무자비한 공격을 참아내는 모습을 지켜 봐야 했던 때가 있다. 나는 그를 박해하는 사람들의 증오가 너무나 큰 데 놀랐고, 악을 악으로 갚지 않고 이러한 미움을 견뎌내는 마이크를 보며 감탄했다. 그 당시 나는 마이크에게서 한 점의 분노도 느끼지 못했지만, 주님은 달랐다. 주님께서 마이크에게 말씀하셨다고 한다: "네가 미처 인식하고 있지 못한 네 마음 속 야망의 크기가 바로 그들을 향해 네가 가지고 있는 분노만큼 크다." 이러한 박해가 없었다면 마이크는 자신의 마음속에 숨겨진 야망을 발견하지 못했을 것이다. 이러한 정정 없는 그의 삶은 얼마나 불행했을까?

　세번째, 박해를 통해 사람을 기쁘게 하는 목적으로 사는 사람들과 하나님을 기쁘게 하는 목적으로 사는 사람들이 나뉘게 된다. 사람을 기쁘게 하는 것을 최종 목표로 삼고 살아가는 사람들은 주님의 종이 될 수 없다(갈 1:10). 그들은 지나칠 정도로 신중하고, 누군가의 기분을 상하게 하지는 않았나 지나치게 걱정하고 계속해서 마음을 쓴다. 현실을 대면하기 보다는 하나님의 말씀을 두고 타협하려 할 것이다. 그들은 두려워하는 마음을 퍼뜨리고, 사역의 방향을 정하는 것에 대해 불필요한 논쟁을 야기함으로 주님의 사역을 약화시키는 자들이다. 그리고 보통 이러한 사람들은 박해가 시작될 때 제일 먼저 교회를 떠난다.

칭찬을 통한 시험

칭찬을 통한 시험은 매우 드물지만, 박해를 통한 시험보다 훨씬 견디기 어렵다. 보통 종교지도자들이 예언자를 칭찬하는 일은 없겠지만, 평신도들은 다르다. 군중들은 세례 요한과 예수님께 모여 두 사람을 매우 칭찬했다. 그러나 세례 요한이나 예수님의 인격은 매우 강인했고, 이러한 찬사는 아무런 영향도 끼칠 수 없었다. 그러나 우리같은 사람들에게 칭찬은 매우 강한 유혹의 덫이다. 거절은 우리 자신을 되돌아 볼 수 있는 기회를 제공하나, 칭찬은 우리를 교만하게 만든다. 가장 지혜로웠던 솔로몬이 칭찬에 대해 기록한 구절을 살펴보라: "도가니로 은을 풀무로 금을 칭찬으로 사람을 시련하느니라"(잠 27:21). 받은 예언의 은사가 클수록, 칭찬을 통해 받는 시험 또한 크다.

박해를 받아도 끄덕 없고, 칭찬이 아무런 영향을 끼치지 못하는 상태에 도달했을 때, 우리는 비로소 멀고 먼 성숙한 예언자의 길을 걸었다고 할 수 있을 것이다. 그러나 과연 그러한 상태에 도달할 수 있는 사람이 있을까?

예언자의 궁극적 목표

예언자에게는 초점을 맞추고 앞으로 나아갈 수 있도록 돕는 상담자가 계시다. 예수님은 세 번이나 "진리의 영"에 관해 말씀하고 계신다. 진리의 영이신 보혜사 성령에 관한 말씀이 처음으로 언급되는 요한복음 14:15-21을 보면 예수님을 사랑하고 예수님께 순종하는 것에 대해 설명하고 있다. 두번째 말씀하신 것이 언급된 요한복음 15:26-27을 보면, 보혜사 성령이 예수님을 증거하는 것에 대해 설명하셨고, 마지막으로 세번째 언급이 기록된 요한복음 16:12-16에는 성령님이 하나님의 영광을 나타내리라고 하셨다. 우리의 상담자는 진리의 영이시다. 왜냐하면 그분은 언제나 진리이신 예수님을 향해 계시며, 예수님의 제자들인 우리들에게 놀라운 진리를 깨닫게 하시기 때문이다. 이 진리는 예수님을 향한 사랑을 장려하고, 예수님을 증거하며, 주님께 영광을 돌린다. 예언자의 궁극적인 사역의 목적은 바로 이 세 가지가 계속해서 더 장려될 수 있도록 깨달음을 얻는 데 있다.

곧, 예언자의 근본적인 초점이 예언자적 사역이나 사람들의 필요를 채우는 데 있어서는 절대 안된다는 뜻이다. 성령님의 인도하심을 바라보는 사람들의 초점은 바로 예수님이어야 한다. 성령님의 초점이 바로 예수님께 맞추어져 있기 때문이다. 성령님과 동일한 곳을 바라본다면 예수님께서는 영광스러운 광채를 우리에게 비춰주실 것이다. 박해와 칭찬, 그리고 수많은 장벽들은 예수님 앞에서 그 힘을 잃는다. 주님께 초점을 맞추고 있으면, 다른 모든 일들도 자연히 초점이 맞춰진다. 말은 참 간단하지만 실천하기는 매우 힘든 말이다. 하나님께서는 이러한 어려움을 잘 아시고 우리에게 예언자를 보내어, 그의 우편에 앉아 계신 예수님의 곁으로, 오랫동안 인내하시고, 말씀으로 세상을 다스리시며, 우리의 곁에 좀 더 가까이 다가오기 원하시는 그분의 품으로 이끄신다.